DAS BACKBUCH FÜR DIE THERMOKÜCHENMASCHINE

DAS BACKBUCH FÜR DIE THERMOKÜCHENMASCHINE

Die besten Rezepte für alle Modelle von Thermomix und Co.

Susann Kreihe · Fotos Carolin Friese

CHRISTIAN

Inhalt

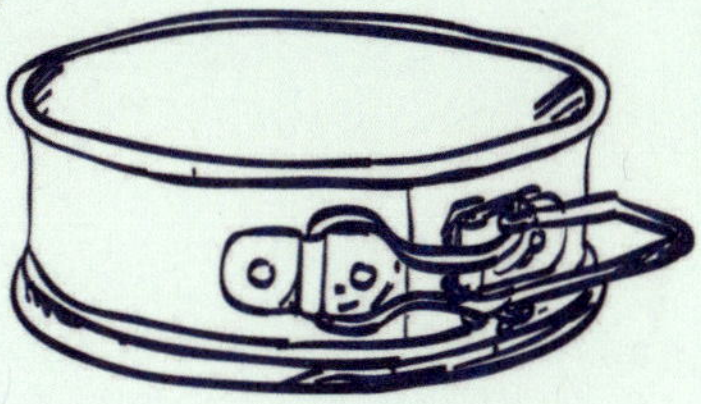

Sandmasse

Brandmasse

Eiweissmasse

Brot & Brötchen

Bevor es losgeht

Backen mit dem Thermomix? Na klar! Ganz können Sie auf den Backofen zwar nicht verzichten – aber alles, was zuvor geschieht, erledigen »Thermi« und Co. besser als jeder andere Küchenhelfer!

Allgemeines

Das Wichtigste zuerst: Bitte beachten Sie bei jeder Zubereitung die Angaben der Gebrauchsanweisung Ihres Thermomix-Modells. Auch die »Hinweise für Ihre Sicherheit« sind bei jeder Zubereitung unbedingt zu beachten.

Die Rezepte in diesem Backbuch sind für den TM 5 erstellt und erprobt worden. Das Fassungsvermögen des Topfes beträgt 2,2 Liter. Sollten Sie mit einem anderen Modell arbeiten, passen Sie die Mengen entsprechend an die maximale Füllmenge an und kontrollieren Sie vor dem Start des Thermomix die Füllstandsmarkierung im Mixtopf.

Sie sollten die Markierung für »maximal« nicht überschreiten; da es ansonsten durch Herausspritzen des Mixtopfinhaltes zum Verbrühen führen kann.

Backen – (k)eine Kunst

Was gibt es Schöneres, als den Duft von frisch gebackenem Brot und Brötchen? Ob knusprige Streusel oder raffinierte Torten, bei selbst gebackenen Keksen, Strudel, Baiser, Krapfen oder Pizza, können nur die Wenigsten widerstehen.

Mit Ihrem Thermomix können Sie diese wunderbaren und köstlichen Kreationen im Handumdrehen nachbacken, und zwar in bester Bäcker-Qualität! Das Aufschlagen von Cremes und Füllungen, das Verkneten von Teigen oder die richtige Temperatureinstellung für Ihren Hefeteig; bei vielen wichtigen Backabläufen erhalten Sie optimale Unterstützung von Ihrem Thermomix.

Klassische Kuchen und Gebäcke, aufwendige Torten, trendige Backideen und Grundrezepte – mit den Rezepten in diesem Backbuch halten Sie einen Schatz in der Hand, der Ihnen ab heute für jede Gelegenheit das richtige Backwerk mit dem passenden Rezept bietet. Abgerundet mit vielen wertvollen und ausführlichen Tipps und Tricks wird dieses Buch zu Ihrer Lieblingslektüre und Sie zum Hobbybäcker vieler Köstlichkeiten.

Können Sie den Duft auch schon ahnen? Es kann losgehen!

Mixtopf und Mixmesser

In dem Mixtopf finden Sie 5 Volumen-Markierungen (0,5–2,2 l) zum Abmessen von Flüssigkeiten. Bitte immer die maximale Füllmenge von 2,2 l beachten, so spritzt beim Pürieren nichts heraus. In dem Mixtopf werden die Gerichte verarbeitet, zubereitet und erhitzt. Die verschiedenen Geschwindigkeitsstufen des Mixmessers führen zu unterschiedlichen Ergebnissen, … wie Rühren, Zerkleinern, Häckseln und Pürieren.

Rühren und Stufe 1

Bei dieser Stufe werden die Zutaten schonend bewegt, wie beim Rühren mit dem Kochlöffel oder Schneebesen.

Stufe 2-3

Diese Einstellung dient zum Mischen von weichen Zutaten (Kokosraspel und Butter mischen, Schokolade schmelzen).

Stufe 2-4

Das Mischen von Zutaten und grobes Zerkleinern (Stufe 4), Emulgieren und Aufschlagen von Zubereitungen mit Ei, Saucen und cremigen Massen erfolgt bei dieser Stufe.

Stufe 3 und 3.5

Zum Schlagen von Sahne und Eischnee (mit Rühraufsatz) verwenden Sie am besten diese Einstellung.

Stufe 4-6

Die Stufe (u. a.) für das Verkneten von Mürbeteigzutaten, das Crushen von Eiswürfeln und das Cremigrühren von Eis.

Stufe 5-8

Für das Mixen von Zutaten sollten Sie die Einstellung dieser Stufe wählen.

Stufe 8-10

Das Pürieren und sehr feines Mahlen, vor allem von harten Zutaten (etwa Zucker, Schokolade, Nüsse, Kerne, Gewürze, Getreide) sowie die Zubereitung von Fruchtpüree lässt sich bei diesen Stufen sehr gut erledigen.

Turbo

Durch das Wählen dieser Einstellung können Sie Zutaten besonders gut Pulverisieren und Mahlen.

Linkslauf/Rechtslauf

Mit diesen Einstellungen können Sie schonend Rühren bei langsamen Geschwindigkeiten. Vorprogrammierte Intervalle imitieren das »professionelle Kneten wie von Hand«.

Teigmodus

Diese Einstellung empfehlen wir für das Kneten von Hefeteigen und festen Teigen (etwa Strudelteig).

Mixtopfdeckel

Aus Sicherheitsgründen muss der Mixtopfdeckel vor dem Starten immer richtig aufgesetzt und mit dem Verriegelungsmechanismus sicher verschlossen werden. Bevor der Deckel nicht richtig verriegelt ist, lässt sich der Thermomix auch nicht einschalten. Der Verriegelungsmechanismus beim Thermomix TM 5 verschließt diesen sicher rundum. Alle vorherigen Modelle müssen manuell verriegelt werden.

Gareinsatz

In diesem können Speisen dampfgegart und gekocht werden. Durch den Abstand zum Mixmesser bleiben zarte, weiche oder leicht zerfallende Lebensmittel ganz und werden besonders schonend gegart. Der Gareinsatz lässt sich mit dem Haken am Spatel in die Einkerbung im Gareinsatz einhaken und herausheben. Auch als Siebersatz eignet sich der Gareinsatz. Auf den Mixtopfdeckel gesetzt, lässt der Gareinsatz ohne zu spritzen Dampf entweichen, etwa zum Einkochen von Flüssigkeiten.

Display und Wähler

Die Angaben in den Rezepten zu Zeit, Temperatur und Geschwindigkeit können Sie über diese Funktion einstellen. Auch das Wiegen von Zutaten über das Waage-Symbol ist eine praktische und schnelle Hilfe. Weitere Funktionen können Sie der Bedienungsanleitung Ihres Thermomix entnehmen.

Der Wähler dient zum Einstellen von Zeit, Temperatur und Geschwindigkeit. Durch Drücken des Wählers stoppt das Messer sofort. Das ist praktisch, sollte doch mal etwas überkochen.

Spatel

Mithilfe des Spatels kann Mix- und Gargut vom Mixtopfrand nach unten geschoben sowie der Mixtopf geleert werden. Der Spatel hilft beim Herausheben des Gareinsatzes und beim Zerkleinern oder Mischen von Zutaten in dem Mixtopf. Die Manschette des Spatels ist so angebracht, dass dieser nicht in das laufende Messer hineinragt. Zum Entleeren des Mixtopfes den Spatel an die stumpfe Seite des Messers legen und im Uhrzeigersinn drehen.

Rühraufsatz

Jedes Thermomix-Modell hat einen eigens entwickelten Rühraufsatz. Der Rühraufsatz des TM 5 ist optimaler für die Weiterverarbeitung von Sahne und Biskuitteig.

Auf Stufe 2–4 ermöglicht der eingesetzte Rühraufsatz das Schlagen von Eiweiß, Sahne oder Schaumzubereitungen mit rohem Ei. Den Rühraufsatz vor der Zugabe der Zutaten einsetzen, damit er sicher auf dem Messer sitzt und keine Speisereste dazwischen kleben.

Den Rühraufsatz bei der Verwendung der »Linkslauf«-Funktion nach dem Aufsetzen kurz gegen den Uhrzeigersinn eindrehen. Bei der »Rechtslauf«-Funktion kurz mit dem Uhrzeigersinn eindrehen. Bei der Verwendung des Rühraufsatzes maximal Stufe 4 wählen. Zum Entfernen den Rühraufsatz am kugelförmigen Ende fassen und herausziehen.

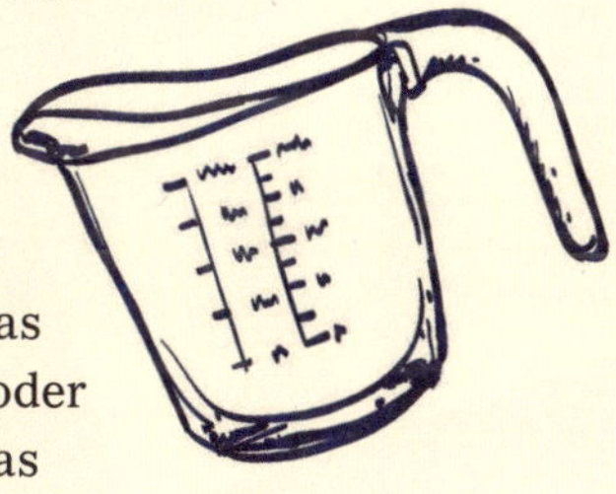

Messbecher

Durch die integrierte Waage ermöglicht der Messbecher das Abwiegen kleiner Mengen direkt auf dem Mixtopfdeckel, oder lässt Öl/flüssige Butter in einem dünnen Strahl direkt in das laufende Messer tropfen, um z. B. Mayonnaise zuzubereiten.

Wenn Sie den Messbecher mit etwas Wasser befüllen, so schwimmt dieser nicht auf, wenn zum Beispiel Öl über den Mixtopfdeckel in das laufende Messer gegossen wird.

Das Garen ohne Messbecher dient etwa zum Einkochen von Saucen, da der Dampf entweichen kann. Bei eingesetztem Messbecher bleibt fast die gesamte Flüssigkeit im Mixtopf erhalten.

Varoma: Behälter, Einlegeboden, Deckel

Der Varoma ermöglicht das schonende Dampfgaren von Speisen. Der Varoma-Deckel kann umgedreht als Abstell- und Abtropfplatte für den Varoma-Behälter oder -Einlegeboden genutzt werden. Als Spritzschutz eignet sich der Siebeinsatz, und falls dieser gerade verwendet wird, der Varoma-Aufsatz.

Eine detaillierte Übersicht finden Sie im Grundkochbuch, das Sie zusammen mit Ihrem Thermomix erhalten haben.

Wiege-Funktion

Mit der integrierten Wiegefunktion können Sie die Rezepte passgenau zubereiten. Alle Zutaten können nacheinander eingewogen werden. Die Tara-Funktion ermöglicht das Zurückstellen auf 0000 g.

Ob Ihre Waage korrekt funktioniert, können Sie schnell feststellen. Sie sollte auf einer geraden Arbeitsfläche stehen, so dass die Füße alle fest aufstehen. Entnehmen Sie den Mixtopf, drücken Sie das Waage-Symbol und sobald 0000 g im Display erscheint, stellen Sie den sauberen, leeren Messbecher auf den Drehmechanismus am Boden des Grundgerätes. Zeigt die Waage nun 40 g an, ist diese exakt eingestellt.

Falls Ihre Anzeige davon abweicht, kontrollieren Sie bitte, ob der Thermomix gerade steht, die Füße Kontakt zur Arbeitsfläche haben, kein Zug auf dem Kabel ist und kein Druck auf den Thermomix ausgeübt wird. Bei dem TM 5 ist zudem die Wiegefunktion bis Stufe 4 bei laufendem Betrieb möglich.

Wiegen können Sie im Mixtopf, auf dem Mixtopfdeckel selber, in einer aufgestellten Schüssel, in dem Gareinsatz, dem Varoma-Behälter oder -Einlegeboden. Das ist vor allem praktisch, wenn Zutaten nach und nach zugegeben und in den verschiedenen Ebenen gegart werden.

Geben Sie die Zutaten zum Wiegen langsam in den Mixtopf oder jedes weitere beliebige Gefäß, damit die Waage kleine Schwankungen ausgleichen kann. Zum Einwiegen von kleinen Mengen (Speisestärke, Salz, frische Hefe, Vanillezucker u. Ä.) verwenden Sie am besten den Messbecher oder einen Teelöffel.

Alle Mengen in der Zutatenliste sind in Gramm angegeben. Das erleichtert die Arbeit beim Wiegen und Sie müssen nicht zusätzlich einen Messbecher für Flüssigkeiten verwenden.

Ein Backvorrat für alle Fälle

Die Lust auf ein Stück Kuchen kommt oft spontan, ebenso wie der unangemeldete Besuch zur Kaffeestunde. Damit Sie für diese Alltagssituationen gut gerüstet sind, können Sie sich an den folgenden Empfehlungen orientieren. Falls Sie die Möglichkeit haben, sollten Sie bevorzugt Lebensmittel in Bio-Qualität einkaufen!

Kühlschrank

Eier, Marmelade, frische Hefe, Milchprodukte

Küchenschrank

Verschiedene Mehlsorten, Getreideflocken, Grieß, Zucker, selbst gemachter Vanillezucker, Salz, Kakao, Backpulver, Trockenhefe, Nüsse, Kerne, Trockenfrüchte, Gewürze, Öle, Honig, Ahornsirup

Birnen, Äpfel und Bananen lassen anderes Obst schneller reifen und sollten deshalb separat gelagert werden. Beeren am besten am Kauftag verarbeiten, da diese sehr empfindlich sind.

Gefrierfach

Bei minus 18 Grad lassen sich Tiefkühlprodukte aus dem Supermarkt längere Zeit aufbewahren. Außerdem können Sie selbstgeerntetes Obst einfrieren. Auch selbst gebackenes Brot, Brötchen oder Kuchen auf Vorrat sind im Gefrierfach prima zu bevorraten. Schneiden Sie das Gebäck am besten vorher in Stücke, dann können Sie dieses portionsweise und je nach Bedarf entnehmen.

Back- und Küchenutensilien

Damit die Zubereitung unserer Backrezepte auch Spaß macht, achten Sie bei der Anschaffung von allen Küchengeräten auf gute Qualität.

Nachfolgend stellen wir Ihnen unsere Auswahl an Küchenutensilien vor, die neben dem Thermomix vorhanden sein sollten:

- 1–2 Schneidebretter
- 1 kleines und 1 großes Küchenmesser
- 1 Sägemesser
- Obst-/Gemüseschäler
- Rührlöffel
- Schneebesen
- Schaumkelle
- Schöpfkelle
- Servierlöffel
- Sieb
- Rührschüsseln
- Backpinsel
- Kuchenrolle
- Teigschaber
- Zitruspresse
- 1–2 kleine oder mittelgroße Töpfe
- 1 beschichtete Pfanne (etwa 24 cm)
- Vorratsdosen mit Deckel
- Einweckgläser in verschiedenen Größen
- Springform (26 cm)
- Kastenform (15 cm und 30 cm)
- Tarteform (26 oder 28 cm)
- Gärkörbchen für Brotteig
- Muffinblech
- Papierförmchen für Muffins
- Kuchengitter
- Holzspieße und Zahnstocher
- Küchenschere
- Topflappen, Ofenhandschuhe
- Hitzebeständige Frischhaltefolie
- Alufolie, Backpapier
- Gefrierbeutel
- Einmal-Spritzbeutel mit verschiedenen Tüllen
- Backblech, Backrahmen
- Tortenring
- Gugelhupfform
- Tartelette-Förmchen
- Bräter

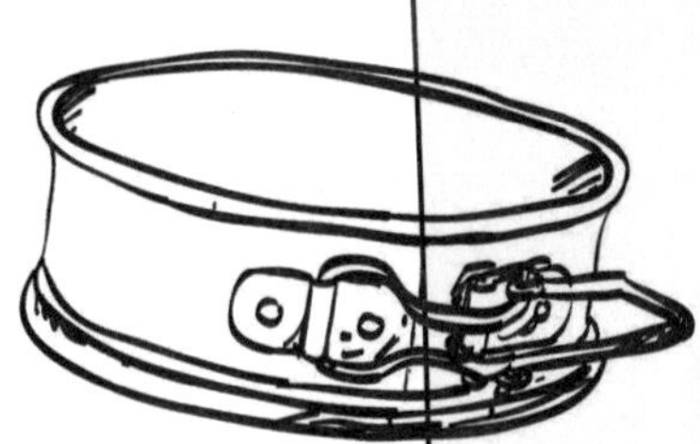

Schrittweise zum Genuss

Unsere Rezepte führen Sie schrittweise zum perfekten Backergebnis. Aufgeteilt in Vor- und Zubereitung im Thermomix und im Backofen finden Sie die jeweiligen Abläufe und Zubereitungsschritte. Die Zutaten sind in der Reihenfolge aufgeführt, in der sie bei der Zubereitung verwendet werden.

Bei Backrezepten können die Zutaten nicht ohne weiteres ausgetauscht werden. Alkohol lässt sich jedoch immer durch eine nichtalkoholische Alternative, z. B. Milch, Saft oder Wasser ersetzen.

Lesen Sie das Rezept und die Zutatenliste erst einmal komplett durch, bevor Sie mit der Zubereitung beginnen. Vergewissern Sie sich, dass Sie die Zubereitungsschritte nachvollziehen können und stellen Sie alle Zutaten und benötigten Materialien bereit.

Die Hinweise zu den Temperaturen der einzelnen Zutaten finden Sie in der Zutatenliste des jeweiligen Rezeptes.

Die meisten der Backrezepte sind nicht schwierig nachzubacken. Es gibt einfache Rezepte, die schnell zubereitet sind und es gibt Rezepte, wie z. B. Hefeteig oder auch Torten, bei denen die Zubereitung etwas aufwendiger ist und/oder länger dauert.

Die Größe der verwendeten Backformen und die Anzahl der Stücke sind in den Rezepten angegeben.

Genauigkeit und Kreativität

Halten Sie sich bei der Zubereitung der Backrezepte genau an die angegebenen Mengen und die Anleitung. Wenn Sie geübter beim Backen sind, eignen sich die Teige und Cremes oder Füllungen auch sehr gut als Basisrezepte; Sie können diese mit weiteren Zutaten ergänzen oder verfeinern.

Beim Dekorieren können Sie Ihrer Kreativität dann freien Lauf lassen.

Die Zuckermengen in den Backrezepten haben wir soweit reduziert, dass das Backergebnis und der Geschmack nicht leiden, jedoch der Zuckergehalt sehr moderat ist. Zuckeralternativen wie Rohrohrzucker, Ahornsirup, Agavendicksaft oder Kokosblütenzucker können gegebenenfalls zu einem abweichenden Backergebnis führen.

Die richtige Temperatur

In vielen Zubereitungen muss etwas auf dem Wasserbad erhitzt oder aufgeschlagen werden, oder die Milch für Hefeteige soll handwarm sein. Dabei ist es oft schwer, die optimale Temperatur zu finden. Das gilt vor allem beim Schmelzen von Schokolade, dem Aufschlagen von Ei oder dem Anrühren von Hefe. Der Thermomix bietet mit seiner Temperatureinstellung von 37 °C bis 120 °C und der Einstellung Varoma die besten Voraussetzungen für optimale Ergebnisse.

37 °C	Erwärmen von Flüssigkeiten mit Hefe, Schmelzen von Schokolade (max. 40 °C), Aufschlagen von Massen mit Ei und Zucker (etwa Biskuit)
40–55 °C	Schonendes Erwärmen
60–80 °C	Optimale Temperatur wie beim Wasserbad, Aufschlagen von Saucen
80–95 °C	Teewasser erhitzen, Milch erwärmen ohne Überkochen
95–98 °C	Kochen von Marmeladen oder Puddingfüllungen, die nicht sprudelnd, aber am Siedepunkt gekocht werden sollen
100 °C	Klassische Kochtemperatur für Beilagen, Suppen, Eintöpfe, Brühen
105–115 °C	Kochen von Sirup
120 °C	Andünsten von Zwiebeln, Knoblauch, Gemüse, Fisch und Fleisch

Backofen

Den Hinweis zum Vorheizen des Backofens finden Sie, mit wenigen Ausnahmen, unter »Vorbereiten«. Da Sie Ihren Backofen am besten kennen, heizen Sie ihn rechtzeitig vor, damit er dann die entsprechende Backtemperatur hat, wenn Sie mit allen Vorbereitungen fertig sind. Die Angaben zur Backtemperatur sind ebenfalls Richtwerte, die Sie an die Besonderheiten Ihres Backofens anpassen können.

Tipps zum Reinigen

· Den Mixtopf mit dem Spatel entleeren.

· Um Reste, die am und unter dem Messer haften, zu entfernen, 3 Sek./Stufe 10 oder die Turbotaste wählen. Die Reste werden an den Rand geschleudert und lassen sich anschließend gut entfernen.

· Lauwarmes Wasser mit 2–3 Tropfen Spülmittel in den Mixtopf füllen, Stufe 5 einschalten, dabei mehrmals zwischen Links-und Rechtslauf wechseln.

· Direktes Einweichen nach der Zubereitung sowie eine Spülbürste oder ein Spülschwamm erleichtern das Entfernen von festsitzenden Resten.

· Bei Teigresten immer mit kaltem Wasser vorspülen; diese lösen sich so besser und verklumpen nicht.

· Bis auf das Grundgerät sind alle Teile spülmaschinengeeignet. Selbst den Mixtopfdeckel und das Mixmesser können Sie zum Spülen in die Spülmaschine geben.

· Lassen Sie Speisereste nicht erst eintrocknen, sondern lösen diese zügig nach dem Gebrauch. Das erspart unnötiges und zeitraubendes Schrubben.

· Setzen Sie den leeren, gereinigten und abgetrockneten Mixtopf wieder ein und wählen die Turbo-Funktion. So wird das restliche Wasser, das am Mixmesser hängt, an die Seiten geschleudert und der Mixtopf ist wieder trocken.

· Geben Sie zum leichten Reinigen warmes Wasser und einige Tropfen Spülmittel in den Mixtopf, stellen Sie Stufe 5 ein, währenddessen Links- und Rechtslauf abwechselnd wählen.

Alle wichtigen Hinweise und Angaben finden Sie in der Gebrauchsanweisung Ihres Thermomix.

Blitz-Tipps zum Backen

Alle Zutaten für ein Rezept vor dem Zubereiten bereitstellen, ggf. abwiegen und wie beschrieben vorbereiten.

Den Backofen rechtzeitig vorheizen. Für Umluft (statt Ober-/Unterhitze) reduzieren Sie die Temperatur um 20–30 °C.

Falls Sie mehr Gebäck benötigen, verdoppeln Sie Rezepte nicht, sondern backen Ihr Wunschgebäck lieber zweimal.

Für das gleichmäßige Garen bzw. Zerkleinern der Lebensmittel, diese in gleichmäßige Stücke schneiden (nicht größer als 5 x 5 cm) bzw. die Angaben im Rezept beachten.

Mehl braucht je nach Alter und Lagerung etwas mehr oder weniger Flüssigkeit. Klebt der Teig, 1–2 EL Mehl zufügen und 1 Minute/Knetstufe untermengen. Ist der Teig zu trocken, 1–2 EL Wasser zugeben und 1 Minute/Knetstufe untermengen.

Frische Hefe kann durch Trockenhefe ersetzt werden. Ein Tütchen Trockenhefe entspricht ½ Würfel frischer Hefe. Lassen Sie Teige, die mit Trockenhefe zubereitet sind, etwas länger gehen, falls das gewünschte Volumen des Teiges nach der angegebenen Zeit noch nicht erreicht ist.

Der Einsatz des Rühraufsatzes (maximal Stufe 4) bei der Zubereitung mit Milch verhindert das Ansetzen am Topfboden.

Zum Mahlen/Zerkleinern trockener Zutaten (Nüsse, Schokolade, Gewürze, Körner) muss der Mixtopf stets trocken sein.

Für zimmerwarme oder weiche Butter diese etwa 30–60 Minuten vor der Verwendung aus dem Kühlschrank nehmen. Oder die kühlschrankkalte Butter in 2 cm große Würfel schneiden und 2 Minuten/37 °C/Linkslauf/Rührstufe sanft erwärmen.

Die Teigreste lassen sich leicht entfernen, indem Sie 1–2 EL Mehl in den Mixtopf geben und 10 Sekunden/Stufe 10 mixen.

Zum Schlagen von Eischnee müssen der Mixtopf und der Rühraufsatz fettfrei sein. Beim Untermengen von Eischnee sehr behutsam vorgehen, damit möglichst viel Volumen erhalten bleibt. Das Eiweiß lässt sich sehr gut aufschlagen, wenn es direkt aus dem Kühlschrank verwendet wird.

Die Sahne, die im Mixtopf steif geschlagen werden soll, muss »kühlschrankkalt« sein. Bei sommerlichen Temperaturen können Sie den Mixtopf 10 Minuten in das Gefrierfach stellen, damit sich die Sahne optimal steif schlagen lässt.

Zum leichten Lösen von Teigen (etwa Hefeteig) den Mixtopf kopfüber halten. Durch Links- und Rechts-Drehen des Mechanismus außen am Topfboden löst sich der Teig nach und nach.

Marmeladen-, Pudding- und Cremereste werden zu leckeren Shakes. Einfach etwas Milch zu den Resten in den Mixtopf geben und 30 Sekunden/Stufe 8–10 aufschäumen.

Wichtiges zu den Teigen

Mürbeteig wird schön mürbe und knusprig, je weniger er geknetet und bearbeitet wird. Deshalb nach dem Kneten im Mixtopf nur kurz auf der Arbeitsfläche zu einer Kugel formen und kalt stellen. Auch Streusel fallen unter diese Rubrik.

Aufwendiges Anrühren des Vorteiges von Hefeteig lässt sich mit dem Thermomix im Handumdrehen erledigen. Die Hefe, etwas Zucker und die flüssigen Zutaten werden im Mixtopf auf 37 °C erwärmt und haben so die besten Voraussetzungen für einen wunderbar aufgegangenen Hefeteig. Im Sommer geht der Teig dann immer relativ schnell auf. Ist es draußen kalt, braucht der Teig einige Minuten länger. Dann eignet sich ein Platz in der Nähe der Heizung. Zugluft verträgt der Hefeteig nicht, deshalb mit Frischhaltefolie oder einem sauberen, angefeuchteten Geschirrtuch abdecken.

Die Teige und Massen, die mit Backpulver zubereitet werden, sind immer kalt geführte Zubereitungen. Arbeiten Sie also etwa bei Rühr- und Sandmassen oder Quark-Öl-Teig zügig und mit Zutaten aus dem Kühlschrank.

Blätterteig ist durch das Touren (Ausrollen und Zusammenlegen) etwas aufwendiger in der Zubereitung. Sie können diesen Teig problemlos vorbereiten und einfrieren.

Biskuitteig lässt sich im Thermomix wunderbar zubereiten. Die Ei-Zucker-Masse wird zuerst bei 37 °C warm aufgeschlagen, anschließend ohne Temperatureinstellung weiter geschlagen, kühlt dabei wieder ab und bekommt eine feine Porung und einen festen Stand. Der Garant für perfektes Aufgehen beim Backen. Der Biskuitteig sollte zügig und behutsam auf dem Blech oder in der Form verteilt werden, um das eingeschlagene Volumen zu erhalten. Biskuittrolle: Entscheidend ist ein durchgebackener, softer Biskuitboden ohne »knusprige« Ränder. Da der Teig an den Rändern meist dünner aufgestrichen ist, trocknen sie beim Backen schnell aus. Schneiden Sie dann die Ränder rundum 1–2 cm ab und rollen den Boden wie in den Rezepten beschrieben zügig auf. Verwenden Sie den Rühraufsatz des TM 31? Auch er macht tollen Biskuitteig.

Auch Brandteig lässt sich im Thermomix herstellen. Achten Sie beim Abbrennen darauf, die Wasser-Butter-Salz-Mischung nach Zugabe des Mehls ab Erreichen der 100 °C mindestens 1 Minute zu rühren. Stellen Sie ggf. die Zeit nach.

Die Baiser- und Macaronmassen lassen sich toll im Thermomix herstellen. Bei hoher Luftfeuchtigkeit brauchen sie länger zum Trocknen bzw. Backen. Nehmen Sie eines aus dem Ofen und prüfen die Konsistenz nach dem Abkühlen. Ggf. einige Minuten (evtl. bei reduzierter Ofentemperatur) fertig backen.

Mürbeteig

Das Geheimnis eines knusprigen Kuchenbodens oder der leckeren Butterplätzchen von Oma? Butter, Zucker und Mehl. Mehr braucht es nicht. Gut gekühlt und fein gefüllt wird daraus das mürbe und knusprige Gebäck, das jedes Herz höher schlagen lässt.

Spinatquiche

FÜR EINE 28ER QUICHE- ODER TARTEFORM (ODER SPRINGFORM), ETWA 12 STÜCKE

MÜRBETEIG
150 g Weizenmehl Type 405
2 Prisen Salz
75 g Butter, kalt, in Stücken
75 g Magerquark
1 Eigelb (Gr. M)
1–2 EL Wasser
Butter zum Einfetten
Mehl für die Form und
zum Bearbeiten

BELAG
200 g Gouda, in Stücken
1 Zwiebel
1 Knoblauchzehe
15 g Olivenöl
800 g tiefgekühlter Blattspinat,
aufgetaut und abgetropft
50 g saure Sahne
2 Eier (Gr. M)
½–1 TL Salz
¼ TL Pfeffer
¼ TL gemahlene Muskatnuss

ZUBEREITUNG etwa 20 Minuten
RUHEZEIT 30 Minuten
BACKZEIT etwa 45 Minuten

VORBEREITEN

Die Springform mit der Butter einfetten und mit dem Mehl ausstäuben. Den Backofen auf 180 °C (Ober-/Unterhitze) vorheizen.

TM 5

MÜRBETEIG

Das Mehl, das Salz, die Butter, den Quark, das Eigelb und das Wasser in den Mixtopf geben und mithilfe des Spatels 30 Sekunden/Stufe 5 mischen. Den Teig auf einer leicht bemehlten Arbeitsfläche kurz verkneten, zu einer Kugel formen, in Folie wickeln und etwa 30 Minuten kalt stellen.

BELAG

Den Gouda in den Mixtopf geben, 15 Sekunden/Stufe 5 zerkleinern, umfüllen und beiseitestellen. Die Zwiebel und den Knoblauch abziehen, halbieren, in den Mixtopf geben, 3 Sekunden/Stufe 6 zerkleinern und mithilfe des Spatels nach unten schieben. Das Öl zugeben und 3 Minuten/100 °C/Stufe 1.5 anschwitzen. Den Spinat, die saure Sahne, die Eier und die Hälfte des Käses zugeben und mithilfe des Spatels 10 Sekunden/Stufe 6 mischen. Den Belag mit Salz, Pfeffer und Muskatnuss würzen.

Den Teig auf einer bemehlten Arbeitsfläche etwas größer als die Form ausrollen, in die vorbereitete Form legen, dabei einen etwa 3–4 cm hohen Rand formen und gut andrücken. Den Boden mit einer Gabel mehrmals einstechen, die Spinatmasse darauf verteilen und im Backofen etwa 20 Minuten backen. Den übrigen Käse darüberstreuen und die Quiche weitere etwa 20–25 Minuten goldbraun fertig backen. Die Quiche in Stücke schneiden und servieren.

Bärlauchtarte

FÜR EINE 28ER QUICHE- ODER TARTEFORM (ODER SPRINGFORM), ETWA 12 STÜCKE

MÜRBETEIG
150 g Weizenmehl Type 405
2 Prisen Salz
75 g Butter, kalt, in Stücken
75 g Magerquark
1 Eigelb (Gr. M)
1–2 EL Wasser

BELAG
1 Zwiebel
50 g Bärlauch
250 g Kirschtomaten
15 g Olivenöl
100 g Fetakäse
4 Eier
150 g Milch
1 gestrichener TL Salz
½ TL Pfeffer
50 g Cashewkerne
Mehl zum Bearbeiten und für die Form
Butter zum Einfetten

ZUBEREITUNG etwa 20 Minuten
RUHEZEIT 30 Minuten
BACKZEIT etwa 45 Minuten

VORBEREITEN

Die Quicheform mit der Butter einfetten und mit dem Mehl ausstäuben. Den Backofen auf 180 °C (Ober-/Unterhitze) vorheizen.

TM 5

MÜRBETEIG

Das Mehl, das Salz, die Butter, den Magerquark, das Eigelb und das Wasser in den Mixtopf geben und mithilfe des Spatels 30 Sekunden/Stufe 5 mischen. Den Teig auf einer leicht bemehlten Arbeitsfläche kurz verkneten, zu einer Kugel formen, in Folie wickeln und etwa 30 Minuten kalt stellen.

BELAG

Die Zwiebel abziehen und halbieren. Den Bärlauch waschen und in 2 cm lange Streifen schneiden. Die Kirschtomaten waschen und halbieren.

Die Zwiebel in den Mixtopf geben, 3 Sekunden/Stufe 6 zerkleinern und mithilfe des Spatels nach unten schieben. Das Olivenöl zugeben und 3 Minuten/100 °C/Stufe 1.5 anschwitzen. Den Bärlauch, den Fetakäse, die Eier und die Milch zugeben und mithilfe des Spatels 15 Sekunden/Stufe 6 mischen. Den Belag mit Salz und Pfeffer kräftig würzen.

Den Teig auf einer bemehlten Arbeitsfläche etwas größer als die Form ausrollen, in die vorbereitete Form legen, dabei einen etwa 3 cm hohen Rand formen und gut andrücken. Den Boden mit einer Gabel mehrmals einstechen und die Bärlauchmischung auf dem Boden verteilen. Die Kirschtomaten mit der Schnittfläche nach oben in die Bärlauchcreme setzen, mit den Cashewkernen bestreuen und die Quiche im Backofen etwa 40–45 Minuten backen.

Die Quiche in Stücke schneiden und servieren.

Rote-Bete-Tarte vom Blech

FÜR 1 BACKBLECH, ETWA 20 STÜCKE

MÜRBETEIG
300 g Weizenmehl Type 405
150 g Butter, kalt, in Stücken
150 g Frischkäse
1 Ei (Gr. M)
1 TL Salz
Mehl zum Bearbeiten

BELAG
1 unbehandelte Zitrone
5 Zweige Thymian
300 g Crème fraîche
1 gestrichener TL Salz
½ TL Pfeffer
500 g rote Bete, vorgegart
1 Päckchen Tortenguss, klar und ungezuckert
1 EL Zucker
½ TL Salz
1 Prise Cayennepfeffer
250 ml Tomatensaft
Außerdem: Backpapier

ZUBEREITUNG etwa 30 Minuten
RUHEZEIT 30 Minuten
BACKZEIT etwa 20 Minuten

VORBEREITEN

Ein Backblech mit dem Backpapier auslegen. Den Backofen auf 180 °C (Ober-/Unterhitze) vorheizen.

TM 5

MÜRBETEIG

Das Mehl, die Butter, den Frischkäse, das Ei und das Salz in den Mixtopf geben und mithilfe des Spatels 30 Sekunden/Stufe 5 mischen. Den Teig auf einer leicht bemehlten Arbeitsfläche kurz verkneten, zu einer Kugel formen, in Folie wickeln und etwa 30 Minuten kalt stellen.

BELAG

Die Zitrone heiß waschen, trocknen, die Schale fein abreiben und den Saft auspressen. Den Thymian waschen, trockentupfen und die Blättchen abzupfen. Die Crème fraîche, die Zitronenschale, -saft und die Thymianblättchen in den Mixtopf geben, 10 Sekunden/Stufe 6 mixen, salzen und pfeffern, umfüllen und kalt stellen.

Den Teig auf einer bemehlten Arbeitsfläche dünn ausrollen, auf das Backblech legen, mit einer Gabel mehrmals einstechen und die Tarte im Backofen etwa 20 Minuten goldbraun backen. Anschließend abkühlen lassen.

Die vorgegarten roten Beten in dünne Scheiben hobeln oder schneiden.

Die Crème-fraîche-Mischung auf den Boden streichen und mit den Bete-Scheiben leicht überlappend belegen. Den Tortenguss in einem kleinen Topf mit Zucker, Salz, etwas Pfeffer und Cayennepfeffer vermischen. Den Tomatensaft einrühren, unter Rühren erhitzen und 1 Minute kochen lassen. Die Bete-Scheiben damit überziehen, die Tarte in Stücke schneiden und servieren.

Erbsentarte

FÜR EINE 26ER SPRINGFORM, ETWA 8 STÜCKE

MÜRBETEIG
150 g Weizenmehl Type 405
2 Prisen Salz
75 g Butter, kalt, in Stücken
75 g Magerquark
1 Eigelb (Gr. M)
1–2 EL Wasser
1 TL gemahlene Kurkuma

BELAG
4 Zweige Thymian
100 g Parmesan, in Stücken
200 g saure Sahne
2 Eier (Gr. M)
1 EL Speisestärke
1 TL Salz
½ TL Pfeffer aus der Mühle
2 Prisen gemahlene Muskatnuss
500 g tiefgekühlte Erbsen, aufgetaut
Butter zum Einfetten
Mehl für die Form und zum Bearbeiten

ZUBEREITUNG etwa 15 Minuten
RUHEZEIT 30 Minuten
BACKZEIT etwa 45 Minuten

VORBEREITEN

Die Springform mit der Butter einfetten und mit dem Mehl ausstäuben. Den Backofen auf 180 °C (Ober-/Unterhitze) vorheizen.

TM 5

MÜRBETEIG

Das Mehl, das Salz, die Butter, den Quark, das Eigelb, das Wasser und die Kurkuma in den Mixtopf geben und mithilfe des Spatels 30 Sekunden/Stufe 5 mischen. Den Teig auf einer leicht bemehlten Arbeitsfläche kurz verkneten, zu einer Kugel formen, in Folie wickeln und etwa 30 Minuten kalt stellen.

BELAG

Den Thymian waschen, trockentupfen, die Blätter abzupfen, mit dem Parmesan in den Mixtopf geben und 10 Sekunden/Stufe 6 zerkleinern. Die saure Sahne, die Eier und die Speisestärke zugeben, mit Salz, Pfeffer und Muskatnuss kräftig würzen und mithilfe des Spatels 10 Sekunden/Stufe 6 mischen.

Den Teig auf der bemehlten Arbeitsfläche etwas größer als die Form ausrollen, in die Form legen, dabei einen etwa 2–3 cm hohen Rand formen und gut andrücken. Den Boden mit einer Gabel mehrmals einstechen und im Backofen etwa 15 Minuten backen.

Die Erbsen zu der Creme in den Mixtopf geben, mithilfe des Spatels untermischen, auf dem vorgebackenen Boden verteilen und etwa 30 Minuten fertig backen. Die Tarte in Stücke schneiden und servieren.

Kartoffel-Rucola-Kuchen

FÜR 1 BACKRAHMEN (25 X 25 CM), ETWA 9 STÜCKE

MÜRBETEIG
150 g Weizenmehl Type 405
2 Prisen Salz
75 g Butter, kalt, in Stücken
75 g Magerquark
1 Eigelb (Gr. M)
1–2 EL Wasser

BELAG
etwa 800 g mehligkochende Kartoffeln (650 g Einwaage)
100 g Rucola
3 Eier
100 g Sahne
1 TL Salz
½ TL Pfeffer aus der Mühle
2 Prisen gemahlene Muskatnuss
Mehl zum Bearbeiten
Außerdem: Backpapier

ZUBEREITUNG etwa 20 Minuten
RUHEZEIT 30 Minuten
BACKZEIT etwa 60 Minuten

Tipp

Den Teig sorgfältig in den Backrahmen legen und gleichmäßig andrücken, so dass keine Löcher entstehen; sonst kann die Flüssigkeit auslaufen.

VORBEREITEN

Ein Backblech mit dem Backpapier auslegen, den Backrahmen daraufsetzen und 22 x 22 cm einstellen. Den Backofen auf 180 °C (Ober-/Unterhitze) vorheizen.

TM 5

MÜRBETEIG

Das Mehl, das Salz, die Butter, den Quark, das Eigelb und das Wasser in den Mixtopf geben und mithilfe des Spatels 30 Sekunden/Stufe 5 mischen. Den Teig auf einer leicht bemehlten Arbeitsfläche kurz verkneten, zu einer Kugel formen, in Folie wickeln und etwa 30 Minuten kalt stellen.

BELAG

Die Kartoffeln schälen, waschen und würfeln. Den Rucola waschen, trockenschütteln und in breite Streifen schneiden. Die Kartoffeln in den Mixtopf geben, 6 Sekunden/Stufe 6 zerkleinern und umfüllen. Den Rucola, die Eier und die Sahne in den Mixtopf geben, mit Salz, Pfeffer und Muskatnuss würzen, 15 Sekunden/Stufe 6 zerkleinern und vermischen. Die Kartoffeln zugeben und 5 Sekunden/Linkslauf Stufe 4 mischen.

Den Teig auf der bemehlten Arbeitsfläche etwa 28 x 28 cm ausrollen, in den vorbereiteten Backrahmen legen, dabei einen etwa 2–3 cm hohen Rand formen und andrücken. Die Kartoffelmischung gleichmäßig auf dem Boden verteilen und im Backofen etwa 50–60 Minuten backen.

Den Kartoffel-Rucola-Kuchen in Stücke schneiden und servieren.

Wurzelgemüse-Crostata

FÜR 1 CROSTATA (ETWA 26 CM DURCHMESSER), ETWA 10 STÜCKE

MÜRBETEIG
150 g Weizenmehl Type 405
2 Prisen Salz
75 g Butter, kalt, in Stücken
75 g Magerquark
1 Eigelb (Gr. M)
1–2 EL Wasser
Mehl zum Bearbeiten

BELAG
50 g Parmesan, in Stücken
1 Zwiebel
1 Knoblauchzehe
800 g Wurzelgemüse nach Wahl (etwa bunte Karotten, Sellerie, Pastinaken, Topinambur, rote Bete, Steckrüben, Schwarzwurzeln)
4 Zweige Thymian
20 g Olivenöl
2 TL brauner Zucker
1 gestrichener TL Salz
2 EL Milch
Außerdem: Backpapier

ZUBEREITUNG etwa 25 Minuten
RUHEZEIT 30 Minuten
BACKZEIT etwa 40 Minuten

VORBEREITEN

Ein Backblech mit dem Backpapier auslegen. Den Backofen auf 180 °C (Ober-/Unterhitze) vorheizen.

TM 5

MÜRBETEIG

Das Mehl, das Salz, die Butter, den Quark, das Eigelb und das Wasser in den Mixtopf geben und mithilfe des Spatels 30 Sekunden/Stufe 5 mischen. Den Teig auf einer bemehlten Arbeitsfläche kurz verkneten, zu einer Kugel formen, in Folie wickeln und 30 Minuten kalt stellen.

BELAG

Den Parmesan in den Mixtopf geben, 5 Sekunden/Stufe 8 mahlen und umfüllen. Die Zwiebel und den Knoblauch abziehen und halbieren. Das Wurzelgemüse waschen, schälen und in Stücke schneiden.

Den Thymian waschen, trockentupfen und die Blättchen abzupfen. Die Zwiebel, den Knoblauch, die Gemüsestücke, das Olivenöl, den Zucker, das Salz und den Thymian in den Mixtopf geben und 4 Sekunden/Stufe 5 zerkleinern.

Den Teig auf einer leicht bemehlten Arbeitsfläche ausrollen (etwa 30 cm Durchmesser) und auf das Backpapier legen. Die Gemüsemischung auf dem Boden verteilen, dabei einen etwa 3 cm breiten Rand freilassen. Den Rand von außen über die Füllung schlagen. Den Parmesan auf das Gemüse streuen, den Teigrand mit der Milch bestreichen und die Crostata im Backofen etwa 30–40 Minuten backen. Die Crostata in Stücke schneiden und servieren.

Käsetaler

FÜR ETWA 30–35 STÜCK

MÜRBETEIG
100 g Bergkäse, in Stücken
150 g Weizenvollkornmehl
100 g Butter, kalt, in Stücken
1 Ei
½ TL Salz
2 EL Wasser
Mehl zum Bearbeiten
Außerdem: Backpapier

ZUBEREITUNG etwa 10 Minuten
BACKZEIT etwa 12 Minuten

Tipp

Zum Schneiden des Teiges eignet sich ein Pizzarad. Dafür am Rand 3-cm-Abstände markieren und entlangfahren.

VORBEREITEN
Ein Backblech mit dem Backpapier auslegen. Den Backofen auf 200 °C (Ober-/Unterhitze) vorheizen.

TM 5
MÜRBETEIG
Den Bergkäse in den Mixtopf geben und 6 Sekunden/Stufe 6 zerkleinern. Das Mehl, die Butter, das Ei, das Salz und das Wasser in den Mixtopf geben und mithilfe des Spatels 30 Sekunden/Stufe 5 mischen.

Den Teig auf einer leicht bemehlten Arbeitsfläche dünn ausrollen und in 3 x 3 cm große Quadrate schneiden. Die Teigquadrate mit etwas Abstand auf das Backblech legen und im Backofen etwa 10–12 Minuten goldgelb backen. Die Käsetaler auf einem Kuchengitter auskühlen lassen und servieren.

Zwiebelmett-Kipferl

FÜR ETWA 16 STÜCK

MÜRBETEIG
200 g Weizenmehl Type 405
1 Prise Salz
75 g Butter, kalt, in Stücken
75 g Magerquark
1–2 EL Wasser
1 frische Zwiebelmett-wurst (etwa 200 g)
Salz
Pfeffer aus der Mühle
Mehl zum Bearbeiten
Außerdem: Backpapier

ZUBEREITUNG etwa 15 Minuten
RUHEZEIT 30 Minuten
BACKZEIT etwa 30 Minuten

VORBEREITEN
Das Backblech mit dem Backpapier auslegen. Den Backofen auf 180 °C (Ober-/Unterhitze) vorheizen.

TM 5
MÜRBETEIG
Das Mehl, das Salz, die Butter, den Quark und das Wasser in den Mixtopf geben und mithilfe des Spatels 30 Sekunden/Stufe 5 mischen. Den Teig auf einer leicht bemehlten Arbeitsfläche kurz verkneten, zu einer Kugel formen, in Folie wickeln und 30 Minuten kalt stellen.

Den Teig auf der bemehlten Arbeitsfläche rund (30 cm Durchmesser) ausrollen, dann in 16 Tortenstücke teilen. Das Zwiebelmett am äußeren Rand der Stücke verteilen, mit Salz und Pfeffer bestreuen und zur Mitte hin zu Kipferln aufrollen. Diese auf das Backblech legen. Im Backofen 25–30 Minuten backen. Warm oder kalt servieren.

Sesam-Knabberstangen

FÜR ETWA 20–25 STANGEN

150 g Weizenmehl Type 550
50 g Hartweizengrieß
100 g Buttermilch
50 g Olivenöl
1 TL Salz
1 TL gemahlene Kurkuma
2–3 EL Milch
2 EL gerösteter Sesamsamen
Mehl zum Bearbeiten
Außerdem: Backpapier

ZUBEREITUNG etwa 20 Minuten
RUHEZEIT 30 Minuten
BACKZEIT etwa 60 Minuten

VORBEREITEN
Ein Backblech mit dem Backpapier auslegen. Den Backofen auf 200 °C (Ober-/Unterhitze) vorheizen.

TM 5
Das Mehl, den Grieß, die Buttermilch, das Öl, das Salz und die Kurkuma in den Mixtopf geben und 30 Sekunden/Stufe 4 mischen. Den Teig auf einer bemehlten Arbeitsfläche kurz verkneten, auf dem Backpapier auf Größe des Backblechs 2 mm dünn ausrollen, mit Milch bestreichen und mit Sesam bestreuen.

Den Teig mit einem Pizzarad in 2 cm breite Streifen schneiden. Diese Stangen im Backofen etwa 12 Minuten backen.

Die Knabberstangen warm oder kalt servieren.

Empanadas

FÜR ETWA 8–10 STÜCK

MÜRBETEIG
200 g Weizenmehl Type 405
1 Prise Salz
75 g Butter
75 g Magerquark
1–2 EL Wasser

FÜLLUNG
1 Zwiebel
1 Knoblauchzehe
50 g Gouda
20 g Olivenöl
250 g Rinderhackfleisch
120 g Mais, abgetropft
50 g Frischkäse
1 gestrichener TL Salz
½ TL Pfeffer
1 Eigelb mit 2 EL Wasser verquirlt
Mehl zum Bearbeiten
Außerdem: Backpapier

ZUBEREITUNG etwa 25 Minuten
RUHEZEIT 30 Minuten
BACKZEIT etwa 20 Minuten

VORBEREITEN
Ein Backblech mit dem Backpapier auslegen. Den Backofen auf 200 °C (Ober-/Unterhitze) vorheizen.

TM 5
MÜRBETEIG
Das Mehl, das Salz, die Butter, den Magerquark und das Wasser in den Mixtopf geben und mithilfe des Spatels 30 Sekunden/Stufe 5 mischen. Den Teig auf einer leicht bemehlten Arbeitsfläche kurz verkneten, zu einer Kugel formen, in Folie wickeln und etwa 30 Minuten kalt stellen.

FÜLLUNG
Den Gouda in den Mixtopf geben, 15 Sekunden/Stufe 5 zerkleinern, umfüllen und beiseitestellen. Die Zwiebel und den Knoblauch abziehen, halbieren, in den Mixtopf geben, 3 Sekunden/Stufe 6 zerkleinern und mithilfe des Spatels nach unten schieben.

Das Olivenöl zugeben und 3 Minuten/120 °C/Linkslauf Stufe 1.5 erhitzen. Das Hackfleisch, den Mais und den Frischkäse zugeben, mit Salz und Pfeffer würzen und mithilfe des Spatels 20 Sekunden/Linkslauf Stufe 3 mischen.

Den Mürbeteig auf der leicht bemehlten Arbeitsfläche dünn ausrollen und Kreise (5–6 cm Durchmesser) ausstechen. Einen Esslöffel Füllung in die Mitte der Kreise geben, mit Gouda bestreuen und die Ränder mit Eigelb bestreichen.

Die Teigkreise zu Halbmonden zusammenklappen, die Ränder mit einer Gabel gut andrücken, auf das Backblech legen und die Empanadas im Backofen etwa 15–20 Minuten backen. Die Empanadas heiß oder kalt servieren.

Apfel-Karamell-Tarte

FÜR EINE 28ER TARTEFORM, ETWA 12 STÜCKE

MÜRBETEIG
200 g Weizenmehl Type 405
120 g Butter, kalt, in Stücken
50 g Zucker
1 Prise Salz
1 EL kaltes Wasser
Butter und Semmelbrösel für die Form

BELAG
1 Zitrone
6 mittlere Äpfel (etwa Boskop)
125 g brauner Zucker
60 g Butter
50 g Mandelblättchen

ZUBEREITUNG etwa 20 Minuten
RUHEZEIT 30 Minuten
BACKZEIT etwa 40 Minuten

VORBEREITEN

Die Tarteform einfetten und mit Semmelbröseln ausstreuen. Den Backofen auf 180 °C (Ober-/Unterhitze) vorheizen.

TM 5

MÜRBETEIG

Das Mehl, die Butter, den Zucker, das Salz und das Wasser in den Mixtopf geben und 12 Sekunden/Stufe 6 mischen. Den Teig aus dem Mixtopf auf die Arbeitsfläche geben, zu einer Kugel formen, in Folie wickeln und etwa 30 Minuten kalt stellen.

BELAG

Für den Karamell den Saft der Zitrone auspressen, 30 g abmessen und beiseitestellen. Die Äpfel waschen, vierteln, das Kerngehäuse entfernen, die Äpfel in Spalten schneiden und mit dem übrigen Zitronensaft beträufeln.

Den braunen Zucker, die Butter und den abgemessenen Zitronensaft in den Mixtopf geben. Den Gareinsatz einsetzen, den Deckel ohne Messbecher auflegen und 5 Minuten/Varoma/Stufe 2 kochen.

Den Teig auf einer bemehlten Arbeitsfläche etwa 2–3 cm größer als die Tarteform ausrollen, in die Form legen und dabei einen etwa 3 cm hohen Rand hochziehen und gut andrücken.

Die Apfelspalten auf dem Boden auslegen, die Karamellsauce darüber verteilen, mit Mandelblättchen bestreuen und die Tarte im Backofen etwa 35–40 Minuten backen.

Die Tarte in Stücke schneiden und servieren.

Orientalische Milchreistorte

FÜR EINE 26ER SPRINGFORM, ETWA 12 STÜCKE

MÜRBETEIG
150 g Weizenmehl Type 405
80 g Butter, kalt, in Stücken
20 g Zucker
1 Eigelb
1 EL kaltes Wasser
1 Prise Salz

BELAG
50 g Orangeat
½ Ceylon-Zimtstange
3 Kardamomkapseln, nur die Kerne
1000 g Milch, 3,5 % Fett
150 g Milchreis
30 g Zucker
2 Kapseln Safranfäden, gemahlen
1 Prise Salz
10 Blatt Gelatine
3 Eiweiß
25 g Zucker
100 g Pistazienkerne, geschält, ungesalzen
Außerdem: Backpapier

ZUBEREITUNG etwa 60 Minuten
RUHEZEIT 30 Minuten + 2–3 Stunden Kühlen
BACKZEIT etwa 18 Minuten

VORBEREITEN

Den Springformboden mit dem Backpapier auslegen. Den Backofen auf 180 °C (Ober-/Unterhitze) vorheizen.

TM 5

MÜRBETEIG

Das Mehl, die Butter, den Zucker, das Eigelb, das Wasser und das Salz in den Mixtopf geben und 12 Sekunden/Stufe 6 mischen. Den Teig auf einer leicht bemehlten Arbeitsfläche kurz verkneten, zu einer Kugel formen, in Folie wickeln und etwa 30 Minuten kalt stellen.

BELAG

Das Orangeat, den Zimt und den Kardamom in den Mixtopf geben,15 Sekunden/Stufe 10 zerkleinern und mithilfe des Spatels nach unten schieben.

Die Milch, den Milchreis, den Zucker, den Safran und das Salz zugeben und 40 Minuten/90 °C/ Linkslauf Stufe 2 garen. Inzwischen den Mürbeteig auf Größe der Form ausrollen, in die Springform legen, gut andrücken und mit einer Gabel mehrfach einstechen. Den Boden im Backofen etwa 15–18 Minuten backen.

Die Gelatine etwa 10 Minuten in kaltem Wasser einweichen. Den fertigen Milchreis in eine flache Form umfüllen. Die gut ausgedrückte Gelatine zugeben, in dem heißen Milchreis auflösen und abkühlen lassen, dabei gelegentlich umrühren. Den Mixtopf spülen und den Rühraufsatz einsetzen.

Sobald der Milchreis beginnt fest zu werden, das Eiweiß, 1 Prise Salz und 25 g Zucker in den Mixtopf geben und 4 Minuten/Stufe 3.5 steif schlagen. Den Eischnee behutsam unter die Milchreismasse heben, auf den erkalteten Mürbeteigboden geben und 2–3 Stunden kalt stellen.

Den Mixtopf spülen. Die Pistazienkerne in den Mixtopf geben und 2 Sekunden/Stufe 7 zerkleinern. Die Milchreistorte mit einem dünnen Messer vom Rand der Springform lösen und aus der Form nehmen. Die Pistazien an den Rand drücken, die Torte in Stücke schneiden und servieren.

Marmeladen-Tarte

FÜR EINE 26ER TARTEFORM (MIT HERAUSNEHMBAREM BODEN), ETWA 12 STÜCKE

MÜRBETEIG
350 g Weizenmehl Type 405
180 g Butter, kalt, in Stücken
1 Prise Salz
75 g Zucker
2 EL kalte Milch

BELAG
200 g Marmelade, nach Belieben
50 g zarte Haferflocken
Puderzucker zum Bestäuben
Butter zum Einfetten
Mehl zum Bearbeiten

ZUBEREITUNG etwa 15 Minuten
RUHEZEIT 30 Minuten
BACKZEIT etwa 35 Minuten

VORBEREITEN
Die Tarteform mit der Butter einfetten. Den Backofen auf 180 °C (Ober-/Unterhitze) vorheizen.

TM 5
MÜRBETEIG
Das Mehl, die Butter, das Salz, den Zucker und die Milch in den Mixtopf geben und mithilfe des Spatels 30 Sekunden/Stufe 5 mischen. Den Teig auf einer leicht bemehlten Arbeitsfläche kurz verkneten, zu einer Kugel formen, in Folie wickeln und etwa 30 Minuten kalt stellen.

Drei Viertel des Teiges rund (30 cm Durchmesser) ausrollen, in die Form legen und dabei einen 2 cm hohen Rand formen. Den Boden mehrmals mit einer Gabel einstechen.

BELAG
Die Marmelade gleichmäßig auf dem Teigboden verstreichen. Den übrigen Teig mit den Haferflocken in den Mixtopf geben und 3 Sekunden/Stufe 5 zu Streuseln mischen. Die Streusel auf der Marmelade verteilen und im Backofen etwa 30–35 Minuten backen.

Die Tarte auf einem Kuchengitter auskühlen lassen, dann mit Puderzucker bestäuben, in Stücke schneiden und servieren.

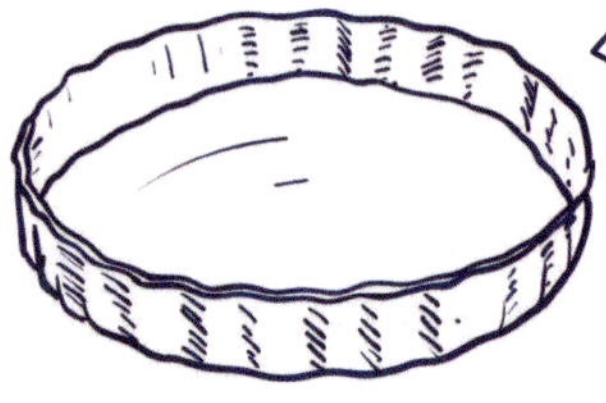

Tarteform

Linzer Torte

FÜR EINE 26ER SPRINGFORM, ETWA 12 STÜCKE

LINZER MASSE
1 unbehandelte Zitrone
150 g Haselnusskerne
100 g Zucker
250 g Weizenmehl Type 405
250 g Butter, kalt, in Stücken
1 Prise Salz
1 TL gemahlener Zimt
1 Prise gemahlene Gewürznelken
50 g kalte Milch
200 g Johannisbeergelee
Butter zum Einfetten
Außerdem: Spritzbeutel mit Lochtülle

ZUBEREITUNG etwa 20 Minuten
BACKZEIT etwa 40 Minuten

VORBEREITEN
Die Springform mit der Butter einfetten. Den Backofen auf 180 °C (Ober-/Unterhitze) vorheizen.

TM 5
LINZER MASSE
Die Zitrone heiß abwaschen, trockentupfen und die Schale mit einem Sparschäler dünn abschälen. Die Haselnusskerne, den Zucker und die Zitronenschale in den Mixtopf geben und 30 Sekunden/Stufe 10 fein mahlen. Das Mehl, die Butter, das Salz, den Zimt und die Nelken zugeben und mithilfe des Spatels 15 Sekunden/Stufe 7 mischen.

Die Hälfte des Teiges in der Springform verteilen und gut andrücken. Die Milch zum übrigen Teig in den Mixtopf geben und 10 Sekunden/Stufe 5 mischen. Die Mischung in einen Spritzbeutel mit Lochtülle füllen und am Rand der Springform einen breiten Streifen auf den Boden spritzen. Das Johannisbeergelee auf dem Boden verteilen. Den übrigen Teig als Gitter aufspritzen und im Backofen etwa 30–40 Minuten backen.

Den Kuchen auf einem Kuchengitter auskühlen lassen, anschließend gut verpacken und 2 Tage im Kühlschrank durchziehen lassen. Die Linzer Torte in Stücke schneiden und servieren.

Beeren-Crostata

FÜR EINE 28ER TARTEFORM, ETWA 12 STÜCKE

MÜRBETEIG
200 g Weizenmehl Type 405
120 g Butter, kalt, in Stücken
50 g Zucker
1 Prise Salz
1 EL kaltes Wasser
Mehl zum Bearbeiten

BELAG
350 g tiefgekühlte Beerenmischung
2 EL Speisestärke
4 EL brauner Zucker
20 g Puderzucker
Außerdem: Backpapier

ZUBEREITUNG etwa 10 Minuten
RUHEZEIT 30 Minuten
BACKZEIT etwa 40 Minuten

Tipp

Lauwarm mit geschlagener Sahne servieren – dann schmeckt die Beeren-Crostata ganz besonders fein.

VORBEREITEN

Ein Backblech mit dem Backpapier auslegen. Den Backofen auf 180 °C (Ober-/Unterhitze) vorheizen.

TM 5

MÜRBETEIG

Das Mehl, die Butter, den Zucker, das Salz und das Wasser in den Mixtopf geben und 12 Sekunden/Stufe 6 mischen. Den Teig zu einer Kugel formen, in Folie wickeln und etwa 30 Minuten kalt stellen. Den Mixtopf spülen.

Den Teig auf der bemehlten Arbeitsfläche rund (30 cm) ausrollen und auf das mit Backpapier bedeckte Backblech legen.

BELAG

Die Beeren mit der Speisestärke mischen, auf dem Boden verteilen und dabei einen 3 cm breiten Rand freilassen. Den Teigrand über die Beeren schlagen und den umgeschlagenen Rand mit Wasser bestreichen. Die Beeren und den Teigrand mit dem braunen Zucker bestreuen und die Crostata im Backofen etwa 30–40 Minuten backen.

Die Crostata in Stücke schneiden, mit Puderzucker bestäuben und servieren.

Beeren-Zupfkuchen

FÜR 1 BACKRAHMEN (25 X 30 CM), ETWA 16 STÜCKE

MÜRBETEIG UND STREUSEL
350 g Butter, kalt, in Stücken
500 g Weizenmehl Type 405
30 g Kakao
160 g Zucker

FÜLLUNG
4 Eier (Gr. M)
100 g Zucker
1 Prise Salz
500 g Magerquark
250 g Mascarpone
20 g Speisestärke
300 g tiefgekühlte Beerenmischung
Außerdem: Backpapier

ZUBEREITUNG etwa 10 Minuten
BACKZEIT etwa 45 Minuten

VORBEREITEN
Den Backrahmen auf ein mit Backpapier ausgelegtes Backblech setzen und auf 25 x 30 cm einstellen. Den Backofen auf 180 °C (Ober-/Unterhitze) vorheizen.

TM 5
MÜRBETEIG
Die Butter, das Mehl, den Kakao und den Zucker in den Mixtopf geben und 30 Sekunden/Stufe 6 mithilfe des Spatels mischen. Zwei Drittel des Teiges in dem Backrahmen verteilen und andrücken. Den restlichen Teig umfüllen und den Mixtopf spülen.

FÜLLUNG
Die Eier, den Zucker, das Salz, den Quark, die Mascarpone und die Speisestärke in den Mixtopf geben und 20 Sekunden/Stufe 3.5 mischen. Die Quarkcreme auf dem Boden verstreichen und die Beeren darauf verteilen. Den übrigen Teig in Streuseln darüberzupfen und im Backofen etwa 40–45 Minuten backen.

Den Zupfkuchen auf einem Kuchengitter auskühlen lassen, in Stücke schneiden und servieren.

Sommerbeeren-Tarte

FÜR EINE 26ER SPRINGFORM, ETWA 12 STÜCKE

MÜRBETEIG
100 g Weizenmehl Type 405
100 g gemahlene Mandeln
100 g Butter, kalt, in Stücken
1 Prise Salz
35 g Zucker
1 EL kaltes Wasser

BELAG
400 g roter Fruchtsaft (etwa Kirsch, Acerola, Holunder)
35 g Speisestärke
1 Eigelb
1 Prise Salz
2 EL selbst gemachter Vanillezucker
750 g frische Sommerbeeren (etwa Himbeeren, Heidelbeeren, Brombeeren, Johannisbeeren)
Butter zum Einfetten
Mehl zum Bearbeiten

ZUBEREITUNG etwa 20 Minuten
RUHEZEIT 30 Minuten
BACKZEIT etwa 25 Minuten

Tipp

Dazu schmeckt geschlagene Sahne. Verwenden Sie reinen Fruchtsaft, ohne Zusatz von Zucker.

VORBEREITEN

Die Springform mit der Butter einfetten. Den Backofen auf 180 °C (Ober-/Unterhitze) vorheizen.

TM 5

MÜRBETEIG

Das Mehl, die Mandeln, die Butter, das Salz, den Zucker und das Wasser in den Mixtopf geben und mithilfe des Spatels 20 Sekunden/Stufe 5 mischen. Den Teig auf einer leicht bemehlten Arbeitsfläche kurz verkneten, zu einer Kugel formen, in Folie wickeln und etwa 30 Minuten kalt stellen. Den Mixtopf spülen.

Den Teig rund (30 cm Durchmesser) ausrollen, in die vorbereitete Form legen und dabei einen 2 cm hohen Rand formen. Den Boden mehrmals mit einer Gabel einstechen und im Backofen etwa 15 Minuten vorbacken.

BELAG

Den Fruchtsaft, die Speisestärke, das Eigelb, das Salz und den Vanillezucker in den Mixtopf geben, 10 Sekunden/Stufe 5 mischen und 6 Minuten/95 °C/Linkslauf Stufe 2 aufkochen. Die Creme auf dem vorgebackenen Boden verteilen und etwa 10 Minuten fertig backen.

Die Tarte auf einem Kuchengitter auskühlen lassen. Die Beeren verlesen, abbrausen, auf dem Boden verteilen, in Stücke schneiden und servieren.

Cherry-Curd-Tarte

FÜR EINE 28ER TARTEFORM, ETWA 12 STÜCKE

MÜRBETEIG

1 unbehandelte Zitrone
200 g Weizenmehl Type 405
120 g Butter, kalt, in Stücken
50 g Zucker
1 Prise Salz
1 EL kaltes Wasser
Butter und Mehl für die Form

FÜLLUNG

120 g Zucker
100 g Sauerkirschen, entsteint
50 g Zitronensaft, frisch gepresst
3 Eier (Gr. M)
3 Eigelb (Gr. M)
200 g Butter, in Stücken

BAISER

100 g Zucker
3 Eiweiß (Gr. M)
1 Prise Salz

ZUBEREITUNG etwa 30 Minuten
RUHEZEIT 30 Minuten + 2 Stunden
BACKZEIT etwa 35 Minuten

VORBEREITEN

Die Tarteform mit der Butter einfetten. Den Backofen auf 180 °C (Ober-/Unterhitze) vorheizen.

TM 5

MÜRBETEIG

Die Zitrone heiß abwaschen, trockentupfen, die Schale fein abreiben und die Zitrone halbieren. Den Saft auspressen und 50 g abmessen.

Das Mehl, die Butter, den Zucker, das Salz, das Wasser und die Zitronenschale in den Mixtopf geben und 12 Sekunden/Stufe 6 mischen. Den Teig auf einer bemehlten Arbeitsfläche kurz verkneten, zu einer Kugel formen, in Folie wickeln und 30 Minuten kalt stellen. Den Mixtopf spülen.

BELAG

Den Zucker, die Sauerkirschen, den Zitronensaft, die Eier, das Eigelb und die Butter in den Mixtopf geben und 20 Minuten/90 °C/Stufe 2 erhitzen.

Den Teig auf einer bemehlten Arbeitsfläche 2–3 cm größer als die Tarteform ausrollen, in die Form legen und einen Rand von 3 cm hochziehen. Den Boden mit einer Gabel mehrfach einstechen und im Backofen 20–25 Minuten backen.

Die Sauerkirschmischung 30 Sekunden/Stufe 4–6 ansteigend pürieren, auf den etwas abgekühlten Boden geben, glatt streichen und etwa 2 Stunden kalt stellen. Den Mixtopf spülen.

BAISER

Den Backofen auf 160 °C (Ober-/Unterhitze) vorheizen. Den Zucker in den Mixtopf geben und 10 Sekunden/Stufe 10 pulverisieren. Den Rühraufsatz einsetzen, das Eiweiß zugeben und 4 Minuten/50 °C/Stufe 3.5 schlagen.

Den Eischnee auf dem Cherry Curd verteilen und im Backofen etwa 10 Minuten bei 160 °C goldbraun (unter Aufsicht) backen.

Tipp

Auch entsteinte Kirschen können Kernreste enthalten. Kontrollieren Sie sie vor Zubereitung des Curds auf Kerne. Es wäre schade um die Tarte, wenn zerkleinerte Kerne darin wären.

Crème-brûlée-Tartelettes

FÜR 8 TARTELETTES (10 CM)

MÜRBETEIG
150 g Weizenmehl Type 405
100 g Butter, kalt, in Stücken
50 g Zucker
1 Prise Salz

BELAG
120 g Zartbitterschokolade (mind. 70 %), in Stücken
180 g Milch
1 EL selbst gemachter Vanillezucker
2 Eigelb (Gr. M)
1 Ei (Gr. M)
4 EL brauner Zucker
Butter zum Einfetten
Mehl zum Bearbeiten und für die Förmchen
Außerdem: Tartelettes-Förmchen

ZUBEREITUNG etwa 20 Minuten
RUHEZEIT 2 Stunden Abkühlen
BACKZEIT etwa 35 Minuten

VORBEREITEN

Die Tartelettes-Förmchen mit der Butter einfetten und mit dem Mehl ausstäuben. Den Backofen auf 180 °C (Ober-/Unterhitze) vorheizen.

Tipp

Die Tartelettes lassen sich auch 1–2 Tage im Voraus backen und im Kühlschrank aufbewahren. Kurz vor dem Servieren mit dem Zucker abflämmen.

TM 5

MÜRBETEIG

Das Mehl, die Butter, den Zucker und das Salz in den Mixtopf geben und 12 Sekunden/Stufe 6 mischen. Den Teig auf einer leicht bemehlten Arbeitsfläche ausrollen, 8 Kreise mit einem Durchmesser von 12 cm ausstechen oder schneiden und in die vorbereiteten Förmchen legen. Den Teig leicht andrücken, den Boden mehrmals mit einer Gabel einstechen und im Backofen etwa 10 Minuten vorbacken. Den Mixtopf spülen.

BELAG

Die Schokolade in den Mixtopf geben und 10 Sekunden/Stufe 8 zerkleinern. Die Milch, den Vanillezucker, das Eigelb und das Ei zu der Schokolade in den Mixtopf geben und 4 Minuten/70 °C/Stufe 4 erwärmen.

Die Böden mit der Schokosahne befüllen. Den Backofen auf 100 °C (Ober-/Unterhitze) zurückschalten und die Tartelettes weitere 20–25 Minuten backen. Die Tartelettes aus dem Backofen nehmen und auf einem Kuchengitter abkühlen lassen. Kurz vor dem Servieren die Oberfläche der Tartelettes dünn mit dem braunen Zucker bestreuen, mithilfe eines Bunsenbrenners abflämmen und servieren.

Sahnequark-Maracuja-Torte

FÜR EINE 26ER SPRINGFORM, ETWA 12 STÜCKE

MÜRBETEIG
150 g Weizenmehl Type 405
75 g Butter, kalt, in Stücken
1 Prise Salz
25 g Zucker
1 EL kaltes Wasser

FÜLLUNG
6 Blatt weiße Gelatine
200 g weiße Schokolade, in Stücken
200 g Milch
1 EL Vanillezucker
1 Prise Salz
750 g Sahnequark
250 g Maracujanektar
1 Päckchen Vanillesauce ohne Kochen
Butter zum Einfetten
Mehl zum Bearbeiten

ZUBEREITUNG etwa 30 Minuten
RUHEZEIT 30 Minuten
+ 2–3 Stunden Kühlen
BACKZEIT etwa 18 Minuten

VORBEREITEN

Die Springform mit der Butter einfetten. Den Backofen auf 180 °C (Ober-/Unterhitze) vorheizen.

TM 5

MÜRBETEIG

Das Mehl, die Butter, das Salz, den Zucker und das Wasser in den Mixtopf geben. Mit dem Spatel 20 Sekunden/Stufe 5 mischen. Den Teig auf der bemehlten Arbeitsfläche verkneten, zu einer Kugel formen, in Folie wickeln und 30 Minuten kalt stellen. Den Mixtopf spülen.

Den Teig rund (26 cm Durchmesser) ausrollen, in die Form legen, mehrmals mit einer Gabel einstechen und im Backofen 15–18 Minuten backen. Den Boden in der Springform auf einem Kuchengitter auskühlen lassen.

FÜLLUNG

Die Gelatine etwa 10 Minuten in kaltem Wasser einweichen. Die Schokolade in den Mixtopf geben und 10 Sekunden/Stufe 6 zerkleinern. Die Milch, den Vanillezucker und das Salz zugeben und 3 Minuten/50 °C/Stufe 2 schmelzen. Sobald die Temperaturanzeige 50 °C anzeigt, 1 Minute Restlaufzeit einstellen und ablaufen lassen. Die gut ausgedrückte Gelatine zugeben, 6 Sekunden/Stufe 4 schmelzen und untermischen. Den Quark zugeben und 20 Sekunden/Stufe 4 unterrühren. Die Quarkmousse auf dem Boden verteilen, glatt streichen und etwa 2–3 Stunden kalt stellen.

Sobald die Quarkmousse fest ist, den Maracujanektar mit dem Saucenpulver 1 Minute verrühren, auf der Torte verteilen und vor dem Servieren 30 Minuten kühlen.

Himbeer-Streusel-Kuchen

FÜR EINE 26ER SPRINGFORM, ETWA 12 STÜCKE

MÜRBETEIG
250 g Weizenmehl Type 405
125 g Butter, kalt, in Stücken
70 g Zucker
1 Eigelb
1 Prise Salz
Butter zum Einfetten

BELAG
250 g Speisequark, 20 % Fettgehalt
200 g saure Sahne
50 g Zucker
1 Ei
500 g tiefgekühlte Himbeeren
50 g gemahlene Mandeln
Außerdem: Backpapier

ZUBEREITUNG etwa 15 Minuten
RUHEZEIT 30 Minuten
BACKZEIT etwa 45 Minuten

VORBEREITEN

Den Springformboden mit dem Backpapier bespannen und den Rand einfetten. Den Backofen auf 180 °C (Ober-/Unterhitze) vorheizen.

TM 5

MÜRBETEIG

Das Mehl, die Butter, den Zucker, das Eigelb und das Salz in den Mixtopf geben und 12 Sekunden/Stufe 6 mischen. Den Teig zu einer Kugel formen, in Folie wickeln und etwa 30 Minuten kalt stellen.

BELAG

Den Rühraufsatz einsetzen. Den Quark, die saure Sahne, den Zucker und das Ei in den Mixtopf geben und 15 Sekunden/Stufe 3.5 verrühren.

Ein Viertel des Teiges abnehmen und beiseitestellen. Den übrigen Mürbeteig etwa 2 cm größer als die Form ausrollen, in die Springform legen und einen etwa 3 cm hohen Rand hochziehen. Die Himbeeren auf dem Boden verteilen und mit der Quarkmasse bestreichen.

Den übrigen Mürbeteig mit den gemahlenen Mandeln in den Mixtopf geben, 3 Sekunden/Stufe 5 mischen, als Streusel auf dem Kuchen verteilen und im Backofen etwa 40–45 Minuten backen.

Den Kuchen auf einem Kuchengitter auskühlen lassen, in Stücke schneiden und servieren.

Buttermilch-Orangen-Schnitten

FÜR 1 BACKRAHMEN (20 X 30 CM), ETWA 16 STÜCKE

MÜRBETEIG
300 g Weizenmehl Type 405
150 g Butter, kalt, in Stücken
1 Prise Salz
50 g Zucker
2 EL kaltes Wasser

FÜLLUNG
12 Blatt Gelatine
400 g kalte Sahne
500 g Buttermilch
500 g Orangensaft
150 g Zucker
4 Orangen
Mehl zum Bearbeiten
Außerdem: Backpapier

VORBEREITEN
Den Backrahmen auf ein mit dem Backpapier ausgelegtes Backblech setzen und auf 20 x 30 cm einstellen. Den Backofen auf 180 °C (Ober-/Unterhitze) vorheizen.

TM 5
MÜRBETEIG
Das Mehl, die Butter, das Salz, den Zucker und das Wasser in den Mixtopf geben und mithilfe des Spatels 30 Sekunden/Stufe 5 mischen. Den Teig auf einer leicht bemehlten Arbeitsfläche kurz verkneten, zu einer Kugel formen, in Folie wickeln und 30 Minuten kalt stellen.

Den Mixtopf spülen. Den Boden auf der Arbeitsfläche in Größe des Backrahmens ausrollen, auf das Backblech legen und im Backofen etwa 15–18 Minuten backen. Den Boden auf einem Kuchengitter auskühlen lassen.

FÜLLUNG
Die Gelatine etwa 10 Minuten in kaltem Wasser einweichen. Den Rühraufsatz einsetzen, die Sahne in den Mixtopf geben und ohne Zeitvorgabe/Stufe 3 unter Aufsicht steif schlagen. Den Rühraufsatz entfernen, die Sahne umfüllen und kalt stellen.

Die Buttermilch, den Orangensaft und den Zucker in den ungespülten Mixtopf geben und 20 Sekunden/Stufe 4 mischen. Etwa drei Viertel der Mischung in eine große Schüssel umfüllen und kalt stellen. Die gut ausgedrückte Gelatine zu der übrigen Buttermilch-Mischung (etwa 250 g) in den Mixtopf geben, 3 Minuten/50 °C/Stufe 3 auflösen und mischen. Die Gelatine-Buttermilch-Mischung zu der kalt gestellten Buttermilch in die Schüssel geben, verrühren und nochmals kalt stellen.

Hier geht's weiter!

ZUBEREITUNG etwa 45 Minuten
RUHEZEIT 30 Minuten + etwa 4 Stunden Kühlen
BACKZEIT etwa 18 Minuten

Sobald die Mischung zu gelieren beginnt, die Sahne mit einem Schneebesen vorsichtig unterheben, auf dem ausgekühlten Boden in dem Backrahmen verteilen und etwa 2–3 Stunden kalt stellen.

Die Orangen so schälen, dass die weiße Haut mit entfernt ist. Dafür oben und unten einen Deckel von den Orangen abschneiden und die übrige Schale in Streifen entlang des Fruchtfleischs abschneiden. Die geschälten Orangen in dünne Scheiben schneiden und auf der gelierten Creme verteilen.

Den Kuchen aus dem Backrahmen lösen, in Stücke schneiden und auf einer Platte servieren.

Pizza Grundrezept

Für 2 Backbleche, etwa 40 Stücke

Pizzateig

300 g Weizenmehl Type 550
75 g Hartweizengrieß
20 g Olivenöl
½ Päckchen Trockenhefe
260 g Wasser
1 TL Salz
Olivenöl zum Einfetten

Zubereitung etwa 10 Minuten
Ruhezeit 50 Minuten
Backzeit etwa 30 Minuten

Vorbereiten

Eine Schüssel und ein Backblech mit etwas Öl einfetten.

TM 5

Pizzateig

Das Mehl, den Grieß, das Öl, die Trockenhefe, das Wasser und das Salz in den Mixtopf geben und 4 Minuten/Knetstufe verkneten. Den Teig in die Schüssel geben und abgedeckt an einem warmen Ort etwa 20 Minuten gehen lassen.

Den Pizzateig auf einer leicht bemehlten Arbeitsfläche auf Größe des Backblechs ausrollen, auf das Backblech legen und weitere 30 Minuten gehen lassen. Den Backofen auf 230 °C (Ober-/Unterhitze) vorheizen.

Tipp

Frische Hefe kann immer auch durch Trockenhefe ersetzt werden. Die Mengenangaben finden Sie auf der Packung.

Hefeteig

Lauwarm? Wie warm ist lauwarm?
Ihr Thermomix kennt die optimale
Temperatur. 37 °C und dem perfekten
Hefeteig steht nichts mehr im Weg.

Pizza Gewürz & Sauce

**FÜR 1 BACKBLECH,
ETWA 20 STÜCKE**

PIZZAGEWÜRZ AUF VORRAT
FÜR ETWA 200 G

100 g getrocknete Tomaten (ohne Öl), in Stücken
40 g Röstzwiebeln
4 TL getrockneter Oregano
2 TL getrockneter Rosmarin
2 Lorbeerblätter
10 g getrocknete Pilze
2 TL Salz
2 TL schwarze Pfefferkörner
4 TL brauner Zucker

PIZZASAUCE

1 Dose stückige Tomaten (400 g)
20 g Tomatenmark
2 geh. TL Pizzagewürz
20 g Olivenöl

TM 5

SAUCE UND BELAG

Die Tomatensauce und den Belag vorbereiten. Die fertig belegte Pizza im Backofen etwa 30 Minuten auf der untersten Schiene backen.

PIZZAGEWÜRZ

Die getrockneten Tomaten in den Mixtopf geben und 10 Sekunden/Stufe 8 zerkleinern. Die übrigen Zutaten zufügen, 5 Sekunden/Stufe 8 zerkleinern und in einem Schraubglas aufbewahren.

PIZZASAUCE

Alle Zutaten in den Mixtopf geben, 10 Sekunden/Stufe 2 mischen und den Pizzaboden mit der Sauce bestreichen.

Pizza Margharita

TEIG

siehe Grundrezept Seite 54
(halbe Menge Teig für 1 Blech)

BELAG

3 Kugeln Mozzarella
5 Stängel Basilikum

TM 5

BELAG

Den Mozzarella abtropfen lassen, in Scheiben schneiden, auf dem ausgerollten und mit Pizzasauce bestrichenen Teig verteilen und im Backofen 30 Minuten backen.

Nach dem Backen mit Basilikum bestreuen, in Stücke schneiden und heiß servieren.

Gemüse-Pizza

TEIG
siehe Grundrezept Seite 54
(halbe Menge Teig für 1 Blech)

BELAG
1 rote Zwiebel
50 g schwarze Oliven, entsteint
1 Glas Artischocken
1 gelbe und rote Paprikaschote
50 g Rucola
etwa 80 g Parmesan, am Stück

TM 5
BELAG
Die Zwiebel abziehen und in dünne Scheiben schneiden. Die Oliven und die Artischocken abtropfen lassen und die Artischocken in Scheiben schneiden.

Die Paprikaschoten waschen, halbieren, entkernen und klein würfeln. Den Rucola waschen, putzen und trockenschleudern. Den Parmesan hobeln.

Die Zwiebelringe, die Oliven, die Artischocken und die Paprikawürfel auf dem ausgerollten, mit der Sauce bestrichenen Teig verteilen und im Backofen etwa 30 Minuten backen.

Die Pizza nach dem Backen mit dem Rucola bestreuen, mit dem Parmesan bestreuen, in Stücke schneiden und servieren.

Pizza mit Parmaschinken

TEIG
siehe Grundrezept Seite 54
(halbe Menge Teig für 1 Blech)

BELAG
150 g Kirschtomaten
1 Bund Schnittlauch
50 g Walnusskerne
12 dünne Scheiben Parmaschinken
½ TL schwarzer Pfeffer
3-4 TL Olivenöl zum Beträufeln

TM 5
BELAG
Die Kirschtomaten waschen und halbieren. Den Schnittlauch abbrausen, trockenschütteln und in feine Röllchen schneiden. Den ausgerollten, mit der Sauce bestrichenen Teig mit Kirschtomaten und Walnusskernen bestreuen und im Backofen etwa 30 Minuten backen.

Die Pizza nach dem Backen mit dem Schinken belegen, mit dem Schnittlauch bestreuen, mit dem Pfeffer würzen und etwas Olivenöl darüberträufeln. In Stücke schneiden und servieren.

Zwiebelkuchen

FÜR 1 BACKBLECH, ETWA 20 STÜCKE

HEFETEIG
150 g Wasser
½ TL Zucker
20 g frische Hefe
350 g Weizenmehl Type 405
1 TL Salz
1 Ei (Gr. M)
10 g Pflanzenöl

BELAG
etwa 1000 g Gemüsezwiebeln (800 g Einwaage)
4 Eier
100 g Sahne
2 TL Salz
½ TL Pfeffer aus der Mühle
2 TL gemahlener Kreuzkümmel
2 TL Fenchelsamen
Mehl zum Bearbeiten
Außerdem: Backpapier

ZUBEREITUNG etwa 20 Minuten
RUHEZEIT 30 Minuten
BACKZEIT etwa 60 Minuten

VORBEREITEN

Das Backblech mit dem Backpapier auslegen. Den Backofen auf 180 °C (Ober-/Unterhitze) vorheizen.

TM 5

HEFETEIG

Das Wasser, den Zucker und die zerbröckelte Hefe in den Mixtopf geben und 2 Minuten/37 °C/Stufe 2 erwärmen. Das Mehl, das Salz, das Ei und das Öl zugeben und 3 Minuten/Knetstufe verkneten. Den Teig auf einer leicht bemehlten Arbeitsfläche kurz verkneten. In eine Schüssel umfüllen und abgedeckt an einem warmen Ort etwa 30 Minuten gehen lassen.

BELAG

Die Zwiebeln abziehen und halbieren. Die Hälfte der Zwiebeln (400 g) in den Mixtopf geben, 3 Sekunden/Stufe 5 zerkleinern und umfüllen. Die zweite Hälfte der Zwiebeln in den Mixtopf geben, 3 Sekunden/Stufe 5 zerkleinern und mithilfe des Spatels nach unten schieben. Die beiseite gestellten Zwiebeln, die Eier und die Sahne zugeben, mit Salz, Pfeffer, Kreuzkümmel und Fenchelsamen würzen und 10 Sekunden/Linkslauf Stufe 3 mischen.

Den Hefeteig auf der leicht bemehlten Arbeitsfläche auf Größe des Backblechs ausrollen, auf das Backblech legen und einen kleinen Rand (etwa 1–2 cm) formen. Die Zwiebelmischung auf dem Teig verteilen und im Backofen etwa 50–60 Minuten backen. Den Zwiebelkuchen in Stücke schneiden und heiß oder lauwarm servieren.

Spinat-Vollkorn-Kuchen

FÜR EINE 26ER SPRINGFORM, ETWA 12 STÜCKE

HEFETEIG
85 g Wasser
1 Prise Zucker
10 g frische Hefe
175 g Weizenvollkornmehl
½ TL Salz
1 Eigelb (Gr. M)
5 g Pflanzenöl

BELAG
2 Zwiebeln
1 Knoblauchzehe
20 g Olivenöl
800 g tiefgekühlter Blattspinat, aufgetaut und ausgedrückt (etwa 1000 g gefroren)
100 g kernige Haferflocken
2 Eier (Gr. M)
1 TL Salz
gemahlene Muskatnuss
100 g Fetakäse
30 g Salatkernemix
Butter zum Einfetten
Mehl zum Bearbeiten

ZUBEREITUNG etwa 20 Minuten
RUHEZEIT 30 Minuten
BACKZEIT etwa 50 Minuten

VORBEREITEN
Die Springform mit der Butter einfetten. Den Backofen auf 180 °C (Ober-/Unterhitze) vorheizen.

TM 5
HEFETEIG
Das Wasser, den Zucker und die zerbröckelte Hefe in den Mixtopf geben und 2 Minuten/37 °C/Stufe 2 erwärmen. Das Mehl, das Salz, das Eigelb und das Öl zugeben und 3 Minuten/Knetstufe verkneten. Den Teig auf einer leicht bemehlten Arbeitsfläche kurz verkneten, rund (etwa 30 cm) ausrollen, in die Form legen, dabei einen 2–3 cm hohen Rand formen und abgedeckt an einem warmen Ort etwa 30 Minuten gehen lassen.

BELAG
Die Zwiebeln und den Knoblauch abziehen, halbieren, beides in den Mixtopf geben, 3 Sekunden/Stufe 5 zerkleinern und mithilfe des Spatels nach unten schieben. Das Öl zugeben und 3 Minuten/120 °C/Stufe 2 anschwitzen. Den Spinat, die Haferflocken, die Eier, das Salz und 2–3 Prisen Muskatnuss zugeben und 15 Sekunden/Stufe 4 mischen.

Die Spinatmischung auf dem Teig verteilen. Den Feta zerbröckeln, mit den Salatkernen auf den Spinat streuen und im Backofen etwa 45–50 Minuten backen.

Den Spinat-Vollkorn-Kuchen in Stücke schneiden und servieren.

Focaccia mit Feta und Cashewkernen

FÜR 1 BACKBLECH, ETWA 20 STÜCKE

HEFETEIG UND BELAG
100 g Feta
50 g Cashewkerne
125 g Wasser
20 g frische Hefe
200 g Weizenmehl Type 550
1 TL Salz
3 EL Olivenöl
Olivenöl zum Einfetten

ZUBEREITUNG etwa 10 Minuten
RUHEZEIT 60 Minuten
BACKZEIT etwa 25 Minuten

VORBEREITEN
Ein Backblech mit dem Öl bestreichen.

TM 5
HEFETEIG UND BELAG
Den Feta fein zerbröckeln. Die Cashewkerne in den Mixtopf geben, 2 Sekunden/Stufe 6 zerkleinern und umfüllen. Das Wasser und die zerbröckelte Hefe in den Mixtopf geben und 2 Minuten/37 °C/Stufe 2 erwärmen.

Das Mehl, das Salz und 1 Esslöffel Olivenöl zugeben und 6 Minuten/Knetstufe verkneten. Den Teig auf Größe des Blechs ausziehen, darauflegen und abgedeckt etwa 1 Stunde an einem warmen Ort gehen lassen. Den Backofen auf 200 °C (Ober-/Unterhitze) vorheizen.

Mit den Fingern kleine Dellen in den Teig drücken. Das Focaccia mit dem Feta und den Cashewkernen bestreuen, mit dem restlichen Öl beträufeln und im Backofen etwa 20–25 Minuten goldbraun backen.

Das Focaccia in Stücke schneiden und servieren.

Mmmh, leckere Cashewkerne!

Focaccia mit Rosmarin und Mandeln

FÜR 1 BACKBLECH,
ETWA 20 STÜCKE

HEFETEIG UND BELAG
1 Zweig Rosmarin
50 g Rauchmandeln
125 g Wasser
20 g frische Hefe
200 g Weizenmehl Type 550
1 TL Salz
3 EL Olivenöl
Olivenöl zum Einfetten

ZUBEREITUNG etwa 10 Minuten
RUHEZEIT 60 Minuten
BACKZEIT etwa 25 Minuten

VORBEREITEN
Ein Backblech mit dem Öl bestreichen.

TM 5
HEFETEIG UND BELAG
Die Rauchmandeln in den Mixtopf geben, 2 Sekunden/Stufe 6 zerkleinern und umfüllen. Das Wasser und die zerbröckelte Hefe in den Mixtopf geben und 2 Minuten/37 °C/Stufe 2 erwärmen.

Das Mehl, das Salz und 1 Esslöffel Olivenöl zugeben und 6 Minuten/Knetstufe verkneten. Den Teig auf Größe des Blechs ausziehen, darauflegen und abgedeckt 1 Stunde an einem warmen Ort gehen lassen. Den Backofen auf 200 °C (Ober-/Unterhitze) vorheizen.

Den Rosmarin waschen, trockentupfen und die Nadeln abstreifen. Mit den Fingern kleine Dellen in den Teig drücken, mit Rosmarin und Rauchmandeln bestreuen. Restliches Olivenöl über den Teig träufeln und im Backofen etwa 20–25 Minuten goldbraun backen.

Die Focaccia in Stücke schneiden und servieren.

mit frischem Rosmarin

Bacon-Schnecken

FÜR ETWA 12 STÜCK

HEFETEIG
75 g Wasser
1 Prise Zucker
10 g frische Hefe
150 g Weizenmehl Type 405
1 TL Salz
1 Eigelb (Gr. M)
5 g Pflanzenöl
12 Scheiben Frühstücks-bacon (etwa 200 g)
Pfeffer aus der Mühle
2 TL getrockneter Oregano
Mehl zum Bearbeiten
Außerdem: Backpapier

ZUBEREITUNG etwa 15 Minuten
RUHEZEIT 45 Minuten
BACKZEIT etwa 20 Minuten

VORBEREITEN
Ein Backblech mit dem Backpapier auslegen. Den Backofen auf 180 °C (Ober-/Unterhitze) vorheizen.

TM 5
HEFETEIG
Das Wasser, den Zucker und die zerbröckelte Hefe in den Mixtopf geben und 2 Minuten/37 °C/Stufe 2 erwärmen. Das Mehl, das Salz, das Eigelb und das Öl zugeben und 3 Minuten/Knetstufe verkneten. Den Teig auf einer leicht bemehlten Arbeitsfläche kurz verkneten. In eine Schüssel umfüllen und abgedeckt an einem warmen Ort etwa 15 Minuten gehen lassen.

Den Teig auf der leicht bemehlten Arbeitsfläche auf etwa 20 x 48 cm ausrollen und in 12 Streifen (4 x 20 cm) schneiden. Jeden Teigstreifen mit einer Scheibe Bacon belegen, mit dem Oregano bestreuen, aufrollen, auf ein Backblech setzen und weitere 30 Minuten gehen lassen.

Die Bacon-Schnecken im Backofen etwa 20 Minuten backen und warm oder kalt servieren.

Tomaten-Chili-Kringel

FÜR ETWA 12 STÜCK

HEFETEIG
75 g Wasser
1 Prise Zucker
10 g frische Hefe
150 g Weizenmehl Type 405
1 TL Salz
1 Eigelb (Gr. M)
5 g Pflanzenöl

FÜLLUNG
1 Zwiebel
1 Knoblauchzehe
15 g Olivenöl
50 g Tomatenmark
100 g Frischkäse
Chiliflocken
½ TL Salz
½ TL Pfeffer aus der Mühle
Mehl zum Bearbeiten
Olivenöl zum Bestreichen
Außerdem: Backpapier

ZUBEREITUNG etwa 20 Minuten
RUHEZEIT 50 Minuten
BACKZEIT etwa 20 Minuten

VORBEREITEN

Ein Backblech mit dem Backpapier auslegen. Den Backofen rechtzeitig auf 180 °C (Ober-/Unterhitze) vorheizen.

TM 5

HEFETEIG

Das Wasser, den Zucker und die zerbröckelte Hefe in den Mixtopf geben und 2 Minuten/37 °C/Stufe 2 erwärmen. Das Mehl, das Salz, das Eigelb und das Öl zugeben und 3 Minuten/Knetstufe verkneten. Den Teig auf einer leicht bemehlten Arbeitsfläche kurz verkneten. In eine Schüssel umfüllen und abgedeckt an einem warmen Ort etwa 30 Minuten gehen lassen.

FÜLLUNG

Die Zwiebel und den Knoblauch abziehen, halbieren, beides in den Mixtopf geben, 3 Sekunden/Stufe 5 zerkleinern und mithilfe des Spatels nach unten schieben. Das Öl zugeben und 3 Minuten/120 °C/Stufe 2 anschwitzen. Das Tomatenmark, den Frischkäse und 1–2 Prisen Chiliflocken zufügen, mit Salz und Pfeffer würzen und 10 Sekunden/Stufe 3.5 mischen.

Den Teig auf der leicht bemehlten Arbeitsfläche in 12 Portionen teilen, zu dünnen, länglichen Fladen ausrollen und mit der Tomaten-Chili-Creme bestreichen. Die Fladen von der langen Seite her aufrollen, zu runden Kringeln zusammenlegen, auf das Backblech legen und weitere 20 Minuten gehen lassen.

Die Kringel mit Öl bestreichen, im Backofen etwa 15–20 Minuten backen und warm oder kalt servieren.

Kirsch-Quark-Kuchen

FÜR EINE 26ER SPRINGFORM, ETWA 12 STÜCKE

HEFETEIG
75 g Milch
25 g Zucker
10 g frische Hefe
150 g Weizenmehl Type 405
20 g Butter, weich
1 Prise Salz
1 Eigelb (Gr. M)

BELAG
1 Glas Schattenmorellen (Abtropfgewicht etwa 350 g)
1 Zitrone
50 g weiche Butter
50 g Zucker
3 Eier (Gr. M)
1 Prise Salz
500 g Magerquark
150 g Sahne
20 g Speisestärke
30 g flüssige Butter
3 EL Semmelbrösel
Butter zum Einfetten
Mehl zum Bearbeiten

ZUBEREITUNG etwa 20 Minuten
RUHEZEIT 15 Minuten
BACKZEIT etwa 40 Minuten

VORBEREITEN
Die Springform mit der Butter einfetten. Den Backofen auf 180 °C (Ober-/Unterhitze) vorheizen.

TM 5
HEFETEIG
Die Milch, den Zucker und die zerbröckelte Hefe in den Mixtopf geben und 2 Minuten/37 °C/Stufe 2 erwärmen. Das Mehl, die Butter, das Salz und das Eigelb zugeben und 3 Minuten/Knetstufe verkneten. Den Teig auf einer bemehlten Arbeitsfläche kurz verkneten und abgedeckt an einem warmen Ort etwa 15 Minuten gehen lassen.

BELAG
Die Schattenmorellen in einem Sieb gut abtropfen lassen, dabei den Saft auffangen und anderweitig verwenden. Die Zitrone halbieren und den Saft auspressen. Den Teig auf einer leicht bemehlten Arbeitsfläche auf Größe der Springform ausrollen, in die Form legen und abgedeckt beiseitestellen. Den Mixtopf spülen.

Den Rühraufsatz einsetzen. Die Butter, den Zucker, die Eier und das Salz in den Mixtopf geben und 30 Sekunden/Stufe 4 aufschlagen. Den Quark, die Sahne, den Zitronensaft und die Speisestärke zugeben und 30 Sekunden/Stufe 3.5 mischen. Den Hefeteig mit der flüssigen Butter bestreichen und mit den Semmelbröseln bestreuen. Die Kirschen auf dem Boden verteilen, mit der Quarkcreme bestreichen und im Backofen etwa 30–40 Minuten backen.

Den Kuchen auf einem Kuchengitter auskühlen lassen, in Stücke schneiden und servieren.

Eierschecke

FÜR 1 BACKBLECH MIT BACKRAHMEN, ETWA 20 STÜCKE

HEFETEIG
90 g Milch
50 g Zucker
25 g frische Hefe
300 g Weizenmehl Type 405
75 g Butter, zimmerwarm, in Stücken
1 Eigelb
1 Prise Salz

EIERSCHECKE
400 g Milch
35 g Speisestärke
1 EL selbst gemachter Vanillezucker
2 Eier
75 g Zucker
125 g Butter, weich
1 Prise Salz

QUARKCREME
50 g Zucker
1 Ei
50 g Butter, weich
250 g Magerquark
Außerdem: Backpapier, Backrahmen

ZUBEREITUNG etwa 45 Minuten
RUHEZEIT 60 Minuten
BACKZEIT etwa 25 Minuten

Tipp

Für die Stachelbeer-Eierschecke die gut abgetropften Stachelbeeren (Abtropfgewicht etwa 400 g) auf der Quarkmasse verteilen und behutsam hineindrücken. Die Eierschecke-Masse darüber verteilen und backen.

VORBEREITEN
Ein Backblech mit dem Backpapier auslegen.

TM 5
HEFETEIG
Die Milch, den Zucker und die zerbröckelte Hefe in den Mixtopf geben und 2 Minuten/37 °C/Stufe 2 erwärmen. Das Mehl, die Butter, das Eigelb und das Salz zugeben, 3 Minuten/Knetstufe verkneten. In eine Schüssel füllen, an einem warmen Ort bedeckt 20 Minuten gehen lassen.

EIERSCHECKE
Die Milch, die Speisestärke und den Vanillezucker in den Mixtopf geben, 6 Minuten/90 °C/Linkslauf Stufe 3 aufkochen, umfüllen und lauwarm abkühlen lassen. Den Teig auf Größe des Backblechs ausrollen, darauflegen, den Backrahmen um den Teig setzen und weitere etwa 45 Minuten gehen lassen.

QUARKCREME
Den Zucker, das Ei und die Butter in den Mixtopf geben und 1 Minute/Stufe 4 aufschlagen. Den Quark zugeben, 20 Sekunden/Stufe 4 unterrühren, umfüllen und beiseitestellen. Den Mixtopf gründlich reinigen.

Zwei Eier trennen. Das Eigelb beiseitestellen. Den Rühraufsatz einsetzen, das Eiweiß mit 1 Prise Salz in den Mixtopf geben und 4 Minuten/Stufe 3.5 steif schlagen. Den Rühraufsatz entfernen und den Eischnee umfüllen. Den Backofen auf 175 °C (Ober-/Unterhitze) vorheizen.

Das Eigelb, den Zucker und 125 g Butter in den ungespülten Mixtopf geben und 1 Minute/Stufe 4 aufschlagen. Den Eischnee zugeben und 3 Sekunden/Stufe 3.5 unterrühren. Die Quarkmasse auf dem Hefeteig verteilen und glatt streichen. Die Eierschecke-Masse darüber verteilen, ebenfalls glatt streichen und im Backofen etwa 20–25 Minuten goldgelb backen.

Bienenstich

FÜR EINE 26ER SPRINGFORM, ETWA 12 STÜCKE

HEFETEIG
45 g Milch
20 g Zucker
10 g frische Hefe
40 g Butter, zimmerwarm
150 g Weizenmehl Type 405
1 Prise Salz

MANDELBELAG
75 g Butter
100 g Sahne
75 g Zucker
150 g Mandelblättchen

VANILLECREME
300 g Milch
25 g Speisestärke
20 g selbst gemachter Vanillezucker
1 Eigelb (Gr. M)
125 g Butter, weich, in Stücken
Mehl zum Bearbeiten
Butter zum Einfetten

ZUBEREITUNG etwa 30 Minuten
RUHEZEIT 60 Minuten
+ 5 Stunden Kühlen
BACKZEIT etwa 40 Minuten

VORBEREITEN
Die Springform mit der Butter einfetten.

TM 5
HEFETEIG
Die Milch, den Zucker und die zerbröckelte Hefe in den Mixtopf geben und 2 Minuten/37 °C/Stufe 2 erwärmen. Die Butter, das Mehl und das Salz zugeben, 3 Minuten/Knetstufe kneten. In eine Schüssel umfüllen und abgedeckt an einem warmen Ort 20 Minuten gehen lassen.

Den Teig auf einer leicht bemehlten Arbeitsfläche auf Größe der Springform ausrollen, in die Form legen und weitere 40 Minuten gehen lassen. Den Backofen auf 175 °C (Ober-/Unterhitze) vorheizen. Den Mixtopf spülen.

MANDELBELAG
Die Butter, die Sahne und den Zucker in den Mixtopf geben und 5 Minuten/90 °C/Linkslauf Stufe 3 aufkochen. Die Mandelblättchen zugeben, 10 Sekunden/Linkslauf Stufe 2 mischen, umfüllen und etwas abkühlen lassen. Die Mandelmasse auf dem Teig verteilen und im Backofen etwa 30–40 Minuten goldgelb backen. Den Mixtopf spülen und den Rühraufsatz einsetzen.

VANILLECREME
Die Milch, die Speisestärke, den Vanillezucker und das Eigelb in den Mixtopf geben und 5 Minuten/90 °C/Linkslauf Stufe 2 aufkochen. Die Butter zugeben und 30 Sekunden/Stufe 2 unterrühren. Die Vanillecreme umfüllen, die Oberfläche mit Frischhaltefolie abdecken und 3 Stunden kalt stellen. Den Bienenstich auf einem Gitter auskühlen lassen.

Den Boden waagerecht halbieren und die untere Hälfte auf eine Tortenplatte setzen. Die Vanillecreme in den Mixtopf geben, 20 Sekunden/Stufe 4 cremig aufschlagen und den unteren Boden damit bestreichen. Den oberen Mandelboden in 12 Tortenstücke schneiden, passgenau auf die Creme legen, vorsichtig andrücken und etwa 2 Stunden kalt stellen. Den Bienenstich in Stücke schneiden und servieren.

Erdnussbienenstich mit Orangencreme

Tipp

Die Creme für den Bienenstich muss kühlschrankkalt sein, damit sie sich gut aufschlagen lässt und nicht verläuft.

FÜR 1 BACKRAHMEN (20 X 25 CM), ETWA 15 STÜCKE

HEFETEIG
45 g Milch
20 g Zucker
20 g frische Hefe
40 g Butter, zimmerwarm
150 g Weizenmehl Type 405
1 Prise Salz

ERDNUSSBELAG
150 g Erdnusskerne, geröstet und ungesalzen
75 g Butter
100 g Sahne
75 g Zucker
½ TL gemahlener Zimt

ORANGENCREME
300 g Orangensaft
25 g Speisestärke
20 g selbstgemachter Vanillezucker
1 Eigelb
125 g Butter, weich, in Stücken
Mehl zum Bearbeiten
Butter zum Einfetten
Außerdem: Backpapier, Backrahmen

ZUBEREITUNG etwa 30 Minuten
RUHEZEIT 60 Minuten + 5 Stunden Kühlen
BACKZEIT etwa 40 Minuten

VORBEREITEN

Den Backrahmen mit der Butter einfetten und auf ein mit Backpapier belegtes Backblech setzen.

TM 5

HEFETEIG

Die Milch, den Zucker und die zerbröckelte Hefe in den Mixtopf geben und 2 Minuten/37 °C/Stufe 2 erwärmen. Die Butter, das Mehl und das Salz zugeben, 3 Minuten/Knetstufe kneten. In eine Schüssel umfüllen. Abgedeckt an einem warmen Ort ca. 20 Minuten gehen lassen.

ERDNUSSBELAG

Die Erdnusskerne in den Mixtopf geben, 1 Sekunde/Stufe 6 hacken. Umfüllen. Butter, Sahne, Zucker und Zimt in den Mixtopf geben. 3 Minuten/100 °C/Stufe 2 aufkochen. Die Erdnusskerne zugeben, 10 Sekunden/Linkslauf Stufe 3 mischen, umfüllen, abkühlen lassen. Den Backofen auf 175 °C (Ober-/Unterhitze) vorheizen.

Den Teig auf der leicht bemehlten Arbeitsfläche auf Größe des Backrahmens ausrollen, hineinlegen und an einem warmen Ort abgedeckt 30–40 Minuten gehen lassen. Erdnussmasse auf dem Teig verteilen und im Ofen 30–40 Minuten goldgelb backen. Den Mixtopf spülen.

ORANGENCREME

Den Orangensaft, die Speisestärke, den Vanillezucker und das Eigelb in den Mixtopf geben und 6 Minuten/95 °C/Linkslauf Stufe 2 aufkochen. Die Butter zugeben und 1 Minute/Stufe 2 unterrühren. Die Creme umfüllen, die Oberfläche mit Frischhaltefolie abdecken und 3 Stunden kalt stellen. Den Boden auf einem Kuchengitter abkühlen lassen. Den Boden waagerecht halbieren und den unteren Boden auf eine Tortenplatte setzen. Die Orangencreme in den Mixtopf geben, 20 Sekunden/Stufe 4 cremig aufschlagen und den unteren Boden damit bestreichen. Den oberen Erdnussboden in 12 Stücke schneiden, passgenau auf die Creme legen, leicht andrücken. 2 Stunden kalt stellen.

Kokos-Pudding-Cake

FÜR EINE 26ER SPRINGFORM, ETWA 12 STÜCKE

HEFETEIG
75 g Milch
25 g Zucker
10 g frische Hefe
150 g Weizenmehl Type 405
20 g Butter, weich
1 Prise Salz
1 Eigelb (Gr. M)

BELAG
75 g Kokosraspel
30 g Zucker
30 g Butter

FÜLLUNG
500 g Kokosmilch
200 g Sahne
30 g Zucker
60 g Speisestärke
Mehl zum Bearbeiten
Butter zum Einfetten
Außerdem: Backpapier

ZUBEREITUNG etwa 40 Minuten
RUHEZEIT 15 Minuten
BACKZEIT etwa 20 Minuten

VORBEREITEN
Die Springform mit der Butter einfetten. Den Backofen auf 180 °C (Ober-/Unterhitze) vorheizen.

TM 5
HEFETEIG
Die Milch, den Zucker und die zerbröckelte Hefe in den Mixtopf geben und 2 Minuten/37 °C/Stufe 2 erwärmen. Das Mehl, die Butter, das Salz und das Eigelb zugeben und 3 Minuten/Knetstufe verkneten. Den Teig auf einer bemehlten Arbeitsfläche kurz verkneten und abgedeckt an einem warmen Ort etwa 15 Minuten gehen lassen.

BELAG
Die Kokosraspel, den Zucker und die Butter in den Mixtopf geben, 15 Minuten/100 °C/Stufe 1 rösten und zum Abkühlen auf einen Bogen Backpapier umfüllen. Den Hefeteig auf einer leicht bemehlten Arbeitsfläche auf Größe der Springform ausrollen, in die Form legen und abgedeckt beiseitestellen. Den Mixtopf spülen.

FÜLLUNG
Die Kokosmilch, die Sahne, den Zucker und die Speisestärke in den Mixtopf geben, 10 Minuten/95 °C/Stufe 3 aufkochen und den Kokospudding auf dem Hefeteig verstreichen. Mit der Kokosflockenmischung bestreuen und im Backofen etwa 20 Minuten backen.

Den Kuchen auf einem Kuchengitter auskühlen lassen, in Stücke schneiden und servieren.

Kokos-Schoko-Cake

FÜR EINE 26ER SPRINGFORM, ETWA 12 STÜCKE

HEFETEIG
75 g Milch
25 g Zucker
10 g frische Hefe
150 g Weizenmehl Type 405
20 g Butter, weich
1 Prise Salz
1 Eigelb (Gr. M)

BELAG
250 g Butter, in Stücken
200 g Zucker
250 g Kokosraspel
3 Eier (Gr. M)
100 g Milch

GUSS
150 g Zartbitterkuvertüre, in Stücken
75 g Sahne
Butter zum Einfetten

ZUBEREITUNG etwa 30 Minuten
RUHEZEIT 30 Minuten
BACKZEIT etwa 25 Minuten

VORBEREITEN

Die Springform mit der Butter einfetten. Den Backofen auf 180 °C (Ober-/Unterhitze) vorheizen.

TM 5

HEFETEIG

Die Milch, den Zucker und die zerbröckelte Hefe in den Mixtopf geben und 2 Minuten/37 °C/Stufe 2 erwärmen. Das Mehl, die Butter, das Salz und das Eigelb zugeben, 3 Minuten/Knetstufe verkneten. Den Teig auf einer leicht bemehlten Arbeitsfläche kurz verkneten. In eine Schüssel umfüllen und abgedeckt an einem warmen Ort etwa 15 Minuten gehen lassen. Den Mixtopf spülen.

BELAG

Die Butter und den Zucker in den Mixtopf geben und 10 Minuten/95 °C/Stufe 2 erhitzen. Die Kokosraspel zugeben, 3 Minuten/95 °C/Stufe 2 aufkochen und mischen. Den Mixtopfdeckel abnehmen. Die Kokosmasse auf 60 °C (Temperaturanzeige) abkühlen lassen.

Den Teig auf einer leicht bemehlten Arbeitsfläche auf Größe der Springform ausrollen, hineinlegen und abgedeckt beiseitestellen. Den Mixtopfdeckel ohne Messbecher aufsetzen und 1 Minute/Stufe 3 einstellen. Die Eier einzeln durch den Mixtopfdeckel in das laufende Messer fallen lassen, vermischen, auf dem Hefeteig verteilen und im Backofen etwa 20–25 Minuten backen. Die Milch erhitzen, den noch heißen Kuchen damit bepinseln und auskühlen lassen. Den Mixtopf spülen.

GUSS

Die Schokolade in den Mixtopf geben und 8 Sekunden/Stufe 8 zerkleinern. Die Sahne zugeben, 3 Minuten/50 °C/Stufe 2 schmelzen, auf dem Kuchen verteilen und fest werden lassen.

Marmeladen-Zupfbrot

FÜR 1 GUGELHUPFFORM (ETWA 24 CM), ETWA 20 STÜCKE

HEFETEIG
40 g Butter
140 g Milch
20 g Zucker
20 g frische Hefe
320 g Weizenmehl Type 405
1 Prise Salz
1 Ei (Gr. M)
100 g Aprikosenmarmelade
3 EL brauner Zucker
Mehl zum Ausrollen
Butter zum Einfetten

ZUBEREITUNG etwa 10 Minuten
RUHEZEIT 50 Minuten
BACKZEIT etwa 40 Minuten

Tipp

Die Marmelade kann beliebig gewählt werden. Auch eine Kastenform oder jede andere Kuchenform eignen sich für die Zubereitung des Zupfbrots.

VORBEREITEN
Die Gugelhupfform mit der Butter einfetten.

TM 5
HEFETEIG
Für den Hefeteig die Butter, die Milch, den Zucker und die zerbröckelte Hefe in den Mixtopf geben und 2 Minuten/37 °C/Stufe 2 erwärmen. Das Mehl, das Salz und das Ei in den Mixtopf geben, 3 Minuten/Knetstufe zu einem glatten Teig verarbeiten. In eine Schüssel umfüllen und abgedeckt an einem warmen Ort etwa 30 Minuten gehen lassen. Den Backofen auf 180 °C (Ober-/Unterhitze) vorheizen.

Den Teig auf einer leicht bemehlten Arbeitsfläche zu einem etwa 35 x 50 cm großen Rechteck ausrollen, mit der Aprikosenmarmelade bestreichen und mit dem braunen Zucker bestreuen. Den Teig in etwa 5 x 5 cm große Quadrate schneiden, diese aufrecht in die vorbereitete Form schichten und nochmals etwa 20 Minuten gehen lassen.

Das Zupfbrot im Backofen etwa 40 Minuten backen. 10 Minuten in der Form abkühlen lassen, anschließend stürzen und ganz abkühlen lassen.

Zitronen-Zupfbrot

FÜR EINE 24ER GUGELHUPF-FORM, ETWA 20 SCHEIBEN

HEFETEIG
140 g Milch
20 g frische Hefe
25 g Zucker
320 g Weizenmehl Type 405
40 g Butter, weich
1 Prise Salz
1 Ei
100 g Zitronenmarmelade (nach Belieben)
2 EL brauner Zucker
Butter zum Einfetten
Mehl zum Bearbeiten

ZUBEREITUNG etwa 20 Minuten
RUHEZEIT 60 Minuten
BACKZEIT etwa 30 Minuten

Tipp

Das Zupfbrot können Sie am nächsten Tag in Scheiben geschnitten toasten. Zum Bestreichen eignen sich auch andere Marmeladensorten oder Marmeladenreste.

VORBEREITEN

Die Gugelhupfform mit der Butter einfetten. Den Backofen auf 180 °C (Ober-/Unterhitze) vorheizen.

TM 5

HEFETEIG

Für den Hefeteig die Milch, die zerbröckelte Hefe und den Zucker in den Mixtopf geben und 2 Minuten/37 °C/ Stufe 2 erwärmen. Das Mehl, die Butter, das Salz und das Ei zugeben, 3 Minuten/Knetstufe verkneten. Den Teig auf einer leicht bemehlten Arbeitsfläche kurz verkneten. In eine Schüssel umfüllen und abgedeckt an einem warmen Ort etwa 15 Minuten gehen lassen.

Den Teig auf einer leicht bemehlten Arbeitsfläche auf 50 x 30 cm ausrollen, in 5 x 5 cm große Quadrate schneiden, mit der Marmelade bestreichen und 3–4 Stücke aufeinanderlegen. Die Stapel aufrecht in die Gugelhupfform setzen (Die Teigstücke »stehen« in der Form.) und weitere 30–40 Minuten gehen lassen.

Die Oberfläche der Teigstücke mit dem braunen Zucker bestreuen und das Zupfbrot im Backofen etwa 30 Minuten backen. Das Zupfbrot lauwarm in Stücken servieren.

Schokobrötchen

FÜR ETWA 15 STÜCK

HEFETEIG
140 g Milch
20 g frische Hefe
25 g Zucker
320 g Weizenmehl Type 405
40 g Butter, weich
1 Prise Salz
1 Ei
100 g Schokotropfen
Mehl zum Bearbeiten
Außerdem: Backpapier

ZUBEREITUNG etwa 15 Minuten
RUHEZEIT 60 Minuten
BACKZEIT etwa 15 Minuten

VORBEREITEN
Ein Backblech mit dem Backpapier auslegen. Den Backofen auf 180 °C (Ober-/Unterhitze) vorheizen.

TM 5
HEFETEIG
Die Milch, die zerbröckelte Hefe und den Zucker in den Mixtopf geben und 2 Minuten/37 °C/Stufe 2 erwärmen. Das Mehl, die Butter, das Salz und das Ei zugeben und 3 Minuten/Knetstufe verkneten. Die Schokotropfen zufügen und 15 Sekunden/Knetstufe untermischen. Den Teig auf einer leicht bemehlten Arbeitsfläche kurz verkneten. In eine Schüssel umfüllen und abgedeckt an einem warmen Ort etwa 15 Minuten gehen lassen.

Den Teig auf der leicht bemehlten Arbeitsfläche zu einer Rolle formen, in 15 Portionen teilen, rund formen, auf das Backblech legen und weitere 30–40 Minuten gehen lassen.

Die Schokobrötchen im Backofen etwa 15 Minuten backen, auf einem Kuchengitter auskühlen lassen und servieren.

Krapfen

Herzkrapfen

FÜR ETWA 30 STÜCK

HEFETEIG
100 g Milch
50 g Zucker
20 g frische Hefe
350 g Weizenmehl Type 405
1 Prise Salz
50 g Butter, weich, in Stücken
2 Eier (Gr. M)
1 Liter neutrales Pflanzenöl
Mehl zum Bearbeiten
Puderzucker zum Bestäuben
Außerdem: Backpapier

ZUBEREITUNG etwa 25 Minuten
RUHEZEIT 30 Minuten

VORBEREITEN
Ein Backblech mit dem Backpapier auslegen.

TM 5
HEFETEIG
Für den Hefeteig die Milch, den Zucker und die zerbröckelte Hefe in den Mixtopf geben und 2 Minuten/37 °C/Stufe 2 erwärmen. Das Mehl, das Salz, die Butter und die Eier zugeben, 3 Minuten/Knetstufe verkneten. In eine Schüssel umfüllen und abgedeckt an einem warmen Ort etwa 15 Minuten gehen lassen.

Den Teig auf einer leicht bemehlten Arbeitsfläche etwa 1 cm dick ausrollen, mit einer Herzform ausstechen oder einer Schablone ausschneiden, auf das Backblech legen und weitere etwa 20 Minuten gehen lassen.

Das Öl in einem Topf auf 160 °C erhitzen. Das Fett ist heiß genug, wenn an einem eingetauchten Holzstäbchen kleine Bläschen aufsteigen. Die Teigstücke portionsweise in dem heißen Fett goldbraun ausbacken, zwischendurch wenden und auf der zweiten Seite ebenfalls backen.

Die Herzkrapfen mit einer Schaumkelle herausheben, auf Küchenpapier abtropfen lassen, noch warm mit Puderzucker bestäuben und servieren.

Blitzblätterteig

1 Grundrezept, etwa 630 g

Blätterteig

250 g Weizenmehl Type 405
1 Prise Salz
130 g eiskaltes Wasser
250 g Butter, 1 cm Würfel, tiefgekühlt
Mehl zum Bearbeiten

Zubereitung etwa 20 Minuten
Ruhezeit 15 Minuten + 1 Stunde
Backzeit abhängig von Dicke, Form und Füllung

TM 5

Blätterteig

Das Mehl mit dem Salz, dem Wasser und der Butter in den Mixtopf geben und 30 Sekunden/Stufe 6 mischen. Den Teig auf eine leicht bemehlte Arbeitsfläche geben, zu einem Quadrat (etwa 20 x 20 cm) formen und etwa 15 Minuten in das Gefrierfach legen.

Den Teig der Länge nach auf 30 x 60 cm ausrollen. Für die 1. Tour das obere Teigdrittel nach unten schlagen. Das untere Teigdrittel nach oben darüberschlagen (3 Lagen). Den Teig um 90° drehen und erneut auf 30 x 60 cm ausrollen.

Für die 2. Tour die Teigbahn nun von oben und unten jeweils zur Mitte einschlagen. Die beiden doppelten Teiglagen im Bruch übereinander legen (4 Lagen). Den Teig um 90° drehen und erneut auf 30 x 60 cm ausrollen. Die erste Tour wiederholen, den Teig wieder um 90° drehen und erneut auf 30 x 60 cm ausrollen.

Die 2. Tour wiederholen und den Blätterteig vor dem Verarbeiten etwa 1 Stunde im Kühlschrank oder 30 Minuten im Gefrierfach kalt stellen.

Tipp

Den Teig zum Ausrollen immer nur leicht mit Mehl bestäuben, damit er nicht an der Arbeitsfläche kleben bleibt. Übriges Mehl immer sorgsam mit der Handfläche entfernen. Wenn Sie zügig beim Ausrollen sind, braucht der Teig zwischen den einzelnen Touren nicht gekühlt werden. Wenn Sie feststellen, dass er warm wird und zu kleben beginnt, geben Sie ihn für 10 Minuten ins Gefrierfach, bevor Sie mit dem Ausrollen fortfahren.
Der fertige Blätterteig lässt sich prima einfrieren. Vor der Verarbeitung lassen Sie ihn etwa 15–20 Minuten bei Zimmertemperatur antauen.

Blätterteig

Buttrig und blättrig soll er sein. Das gelingt mit eiskalten Zutaten und dem richtigen Ausrollen und Falten.

Bratwurst-Tarte

FÜR 1 BACKBLECH, ETWA 10 STÜCKE

BODEN UND FÜLLUNG

1 Grundrezept Blitzblätterteig (siehe Seite 80)
3 rote Zwiebeln
4 frische, grobe Bratwürste
2 TL Paprikapulver, edelsüß
2 EL Tomatenmark
1 gestrichener TL Pfeffer
1 Bund Schnittlauch
100 g Schmand
Mehl zum Bearbeiten

ZUBEREITUNG etwa 15 Minuten
BACKZEIT etwa 30 Minuten

VORBEREITEN

Den Backofen auf 200 °C (Ober-/Unterhitze) vorheizen.

TM 5

BODEN UND FÜLLUNG

Die Bratwürste längs aufschneiden und das Brät in den Mixtopf geben. Das Paprikapulver und das Tomatenmark zugeben, mit 2–3 Prisen Pfeffer würzen und 1 Minute/Knetstufe mischen.

Den Blätterteig auf einer leicht bemehlten Arbeitsfläche auf Größe des Backblechs ausrollen. Das Backblech mit kaltem Wasser benetzen, den Blätterteig darauflegen und die Bratwurstmischung auf dem Teig verteilen. Die Zwiebeln abziehen, in Ringe schneiden, auf dem Brät verteilen und die Tarte im Backofen etwa 30 Minuten backen.

Den Schnittlauch waschen, trockentupfen und in feine Röllchen schneiden. Die fertige Tarte mit dem Schnittlauch bestreuen, den Schmand in Tupfen daraufsetzen, die Tarte in Stücke schneiden und warm servieren.

Pecorino-Knusper-stangen

FÜR ETWA 30 STÜCK

BODEN UND BELAG

75 g Pecorino, in Stücken (Hartkäse aus Schafsmilch, alternativ Parmesan)
½ Grundrezept Blitzblätterteig (siehe Seite 80)
1 Eigelb (Gr. M)
Mehl zum Bearbeiten

ZUBEREITUNG etwa 10 Minuten
BACKZEIT etwa 15 Minuten

VORBEREITEN

Ein Backblech mit kaltem Wasser abspülen. Den Backofen auf 200 °C (Ober-/Unterhitze) vorheizen.

TM 5

BODEN UND BELAG

Den Pecorino in den Mixtopf geben und 4 Sekunden/Stufe 6 zerkleinern. Den Blätterteig auf der leicht bemehlten Arbeitsfläche auf etwa 30 x 30 cm ausrollen, mittig teilen und jeden Teigstreifen in 2 cm breite Streifen (15 cm Länge) schneiden.

Das Eigelb mit einer Gabel verquirlen, die Teigstreifen damit bestreichen und mit dem Pecorino bestreuen. Die Teigstreifen auf das Backblech legen und im Backofen etwa 15 Minuten backen.

Die Knusperstangen warm oder kalt servieren.

Käse-Schnecken

FÜR ETWA 30 STÜCK

BODEN UND BELAG
½ Grundrezept Blitzblätterteig
(siehe Seite 80)
etwa 6–8 Scheiben Gouda
1 Ei (Gr. M)
Mehl zum Bearbeiten

ZUBEREITUNG etwa 10 Minuten
RUHEZEIT 30 Minuten
BACKZEIT etwa 20 Minuten

VORBEREITEN

Ein Backblech mit kaltem Wasser abspülen. Den Backofen auf 200 °C (Ober-/Unterhitze) vorheizen.

TM 5

BODEN UND BELAG

Den Blätterteig auf der leicht bemehlten Arbeitsfläche auf etwa 30 x 30 cm ausrollen, mittig teilen und mit dem Käse belegen. Die Teigstreifen von der schmalen Seite her aufrollen, etwa 30 Minuten ins Gefrierfach legen und anschließend in 2 cm breite Stücke schneiden.

Die Schnecken auf das Backblech legen. Das Ei verquirlen, die Schnecken damit bestreichen und im Backofen etwa 20 Minuten backen.

Die Käse-Schnecken warm oder kalt servieren.

Blätterteigtaschen

FÜR ETWA 16 TASCHEN

BODEN UND FÜLLUNG
½ Grundrezept Blitzblätterteig (siehe Seite 80)
200 g Doppelrahmfrischkäse
20 g tiefgekühlte Kräutermischung
½ TL Salz
½ TL Pfeffer
1 Ei (Gr. M)
2 EL Sesamsamen
Mehl zum Bearbeiten
Außerdem: Spritzbeutel mit Lochtülle

ZUBEREITUNG etwa 15 Minuten
BACKZEIT etwa 25 Minuten

VORBEREITEN
Den Backofen auf 200 °C (Ober-/Unterhitze) vorheizen.

TM 5
BODEN UND FÜLLUNG
Den Frischkäse, die Kräuter, das Salz und den Pfeffer in den Mixtopf geben, 15 Sekunden/Stufe 5 mischen und in einen Spritzbeutel mit Lochtülle füllen.

Das Ei verquirlen. Den Blätterteig auf einer bemehlten Arbeitsfläche auf etwa 30 x 30 cm ausrollen und in 16 Quadrate teilen. Auf jedes Quadrat einen Streifen Frischkäse spritzen. Die Ränder mit Ei bestreichen.

Die Teigstücke jeweils von unten und oben über den Frischkäse schlagen und die Ränder andrücken. Ein Backblech mit kaltem Wasser benetzen, die Taschen darauflegen, mit dem Ei bestreichen, mit dem Sesam bestreuen und im Backofen etwa 20–25 Minuten backen. Die Blätterteigtaschen warm oder kalt servieren.

Ziegenkäse-Muffins

FÜR ETWA 12 STÜCK

½ Grundrezept Blitzblätterteig (siehe Seite 80)
3 Zweige Thymian
250 g Ziegenfrischkäse
2 EL flüssiger Honig
50 g Walnusskerne
1 TL Salz
½ TL Pfeffer
Mehl zum Bearbeiten
Butter zum Einfetten
Außerdem: Muffinblech mit 12 Mulden

ZUBEREITUNG etwa 10 Minuten
BACKZEIT etwa 25 Minuten

VORBEREITEN
Die Mulden des Muffinblechs mit Butter einfetten.
Den Backofen auf 200 °C (Ober-/Unterhitze) vorheizen.

TM 5
Den Blätterteig auf einer leicht bemehlten Arbeitsfläche etwa 24 x 18 cm ausrollen, in 12 Stücke (6 cm Kantenlänge) schneiden, die Teigstücke in die gebutterten Muffinmulden legen und andrücken.

Den Thymian waschen, trockentupfen und die Blätter abstreifen. Den Ziegenkäse in die Teigmulden geben, mit dem Honig beträufeln, mit Walnusskernen, Thymian, Salz und Pfeffer bestreuen. Die Muffins im Backofen etwa 20–25 Minuten backen und servieren.

Friesentorte

FÜR EINEN 20ER TORTENRING, ETWA 12 STÜCKE

MÜRBETEIG
120 g Weizenmehl Type 405
35 g Zucker
1 Prise Salz
90 g Butter, kalt, in Stücken
½ Grundrezept Blitzblätterteig (siehe Seite 80), gekühlt
Mehl zum Bearbeiten

FÜLLUNG
200 g Sahne, gekühlt
1 Päckchen Sahnesteif
25 g Zucker
150 g Pflaumenmus
Außerdem: Backpapier

ZUBEREITUNG etwa 20 Minuten
BACKZEIT etwa 15 Minuten

VORBEREITEN
Zwei Backbleche mit dem Backpapier auslegen. Den Backofen auf 180 °C (Umluft) vorheizen.

TM 5
MÜRBETEIG
Das Mehl, den Zucker, das Salz und die Butter in den Mixtopf geben. 20 Sekunden/Stufe 4 mischen. Den Teig auf einer bemehlten Arbeitsfläche kurz zusammenkneten, ausrollen (20 cm Durchmesser), auf ein Backblech legen und mehrfach mit einer Gabel einstechen.

Den Blätterteig halbieren, die Teigstücke ebenfalls rund auf 20 cm Durchmesser ausrollen, nebeneinander auf das zweite Backblech legen und ebenfalls mehrfach mit einer Gabel einstechen. Den Mürbeteigboden im Backofen auf der untersten Schiene etwa 12–15 Minuten, die beiden Blätterteigböden auf dem mittleren Einschub etwa 12–15 Minuten backen. Die Böden auf Kuchengittern auskühlen lassen.

FÜLLUNG
Den Mixtopf spülen und den Rühraufsatz einsetzen. Die Sahne in den Mixtopf geben und auf Stufe 3 unter Aufsicht steif schlagen. Nach etwa 30 Sekunden Sahnesteif und Zucker durch die Deckelöffnung in das laufende Messer zugeben und fertig steif schlagen. Den Rühraufsatz entfernen und die Sahne umfüllen.

Den Mürbeteigboden auf eine Tortenplatte setzen und mit der Hälfte des Pflaumenmuses bestreichen. Einen Blätterteigboden aufsetzen. Das übrige Pflaumenmus vorsichtig darauf verstreichen, die Sahne darauf verteilen und glatt streichen. Den zweiten Blätterteigboden in 12 Tortenstücke schneiden und auf die Sahne legen. Die Stücke leicht andrücken. Die Torte mindestens 30 Minuten kalt stellen.

Die Torte in Stücke schneiden und servieren.

Pflaumenrosen

FÜR ETWA 12 STÜCK

½ Grundrezept Blitzblätterteig (siehe Seite 80), gekühlt
1 Eigelb (Gr. M)
2–3 Pflaumen
Puderzucker zum Bestäuben
Mehl zum Bearbeiten
Außerdem: Muffinblech mit 12 Mulden

ZUBEREITUNG etwa 15 Minuten
RUHEZEIT 30 Minuten
BACKZEIT etwa 25 Minuten

VORBEREITEN

Das Muffinblech mit kaltem Wasser ausspülen. Den Backofen auf 200 °C (Ober-/Unterhitze) vorheizen.

TM 5

Das Eigelb mit 2 EL Wasser verquirlen. Den Blätterteig auf einer leicht bemehlten Arbeitsfläche auf 30 x 30 cm ausrollen, in der Mitte längs halbieren und jeden Streifen in 6 Streifen à 5 cm schneiden. Die Streifen mit Eigelb bestreichen.

Die Pflaumen waschen, halbieren, entsteinen und die Hälften in 1 mm dünne Scheiben schneiden. Die Pflaumenscheiben leicht überlappend an der langen Seite entlang auf den Teigstreifen legen. Den Blätterteig bündig nach oben klappen, die Streifen aufrollen, in die Muffin mulden setzen und im Backofen etwa 25 Minuten backen.

Die Pflaumenrosen mit dem Puderzucker bestäuben und servieren.

Prasselkuchen

FÜR ETWA 12 STÜCK

½ Grundrezept Blitzblätterteig
(siehe Seite 80)

STREUSEL
175 g Butter, weich + 30 g zum Bestreichen
125 g Zucker
1 TL gemahlener Zimt
1 EL selbst gemachter Vanillezucker
225 g Weizenmehl Type 405
50 g Milch + Milch zum Bestreichen
Mehl zum Bearbeiten

ZUBEREITUNG etwa 20 Minuten
BACKZEIT etwa 18 Minuten

VORBEREITEN
Ein Backblech mit kaltem Wasser abspülen. Den Backofen auf 200 °C (Ober-/Unterhitze) vorheizen.

TM 5
STREUSEL
Für die Streusel die Butter, den Zucker, den Zimt, den Vanillezucker und das Mehl in den Mixtopf geben und 15 Sekunden/Stufe 5 mischen. Den Blätterteig auf einer leicht bemehlten Arbeitsfläche auf etwa 30 x 40 cm ausrollen, in 12 Quadrate (10 x 10 cm) schneiden und auf das Backblech legen. Die Teigstücke dünn mit der Milch bestreichen, die Streusel darauf verteilen und im Backofen etwa 15–18 Minuten backen.

50 g Milch und 30 g Butter in einem kleinen Topf erwärmen. Die fertigen Prasselkuchen aus dem Ofen nehmen, noch heiß mit der Milchmischung bestreichen, auf einem Kuchengitter auskühlen lassen und servieren.

Für extra-süße Schleckermäuler – die fertigen Prasselkuchen mit Zuckerguss bestreichen. Dafür 50 g Zucker 1 Minute/Stufe 10 pulverisieren, 3–4 EL Wasser zugeben, 10 Sekunden/Stufe 3 mischen, über die Kuchenstücke streichen und trocknen lassen.

Pasteten zum Füllen

FÜR ETWA 12 STÜCK

½ Grundrezept Blitzblätterteig (siehe Seite 80)
1 Eigelb (Gr. M)
Mehl zum Bearbeiten

ZUBEREITUNG etwa 15 Minuten
BACKZEIT etwa 20 Minuten

VORBEREITEN

Ein Backblech mit kaltem Wasser abspülen. Den Backofen auf 200 °C (Ober-/Unterhitze) vorheizen.

TM 5

Den Blätterteig auf der leicht bemehlten Arbeitsfläche auf etwa 30 x 30 cm ausrollen, 24 Kreise (4 cm Durchmesser) ausstechen und 12 Kreise auf das Backblech legen. Aus den übrigen Kreisen mit einem kleineren Ausstecher (etwa 2–3 cm Durchmesser) jeweils mittig ein Loch ausstechen.

Das Eigelb verquirlen und die Teigkreise am Rand damit bestreichen. Die Blätterteigringe auflegen, vorsichtig andrücken und im Backofen etwa 20 Minuten backen. Die Blätterteigpasteten auf einem Kuchengitter gut auskühlen lassen.

Die Blätterteigpasteten zum Füllen entweder 2–3 Minuten im vorgeheizten Backofen bei 180 °C (Ober-/Unterhitze) aufbacken. Oder bei herzhaften Füllungen die Blätterteigpasteten mit Käse bestreuen und einige Minuten überbacken.

Quark-Öl-Teig

Der ideale Teig, wenn es wirklich schnell gehen soll. Alle Zutaten im Mixtopf vermischen, ausrollen, backen – und schon können wir es uns schmecken lassen.

Kräuterkringel

FÜR ETWA 20 STÜCK

QUARK-ÖL-TEIG
400 g Weizenmehl Type 405
200 g Magerquark
80 g Olivenöl
2 Eier (Gr. M)
1 Päckchen Backpulver
1 TL Salz
25 g gemischte tiefgekühlte Kräuter
Außerdem: Backpapier

ZUBEREITUNG etwa 10 Minuten
BACKZEIT etwa 20 Minuten

VORBEREITEN
Ein Backblech mit dem Backpapier auslegen. Den Backofen auf 180 °C (Ober-/Unterhitze) vorheizen.

TM 5
QUARK-ÖL-TEIG
Das Mehl, den Quark, das Öl, die Eier, das Backpulver, das Salz und die Kräuter in den Mixtopf geben und 1 Minute/Knetstufe verkneten. Den Teig auf einer leicht bemehlten Arbeitsfläche kurz zusammenkneten, eine lange Rolle formen und in 20 Stücke teilen.

Die Teigstücke zu etwa 15 cm langen Rollen formen, verschlingen, auf das Backblech legen und im Backofen etwa 20 Minuten backen. Warm oder kalt servieren.

Tipp
Ein schneller Snack für Kinder, oder als Beilage zum Grillen, wenn sich überraschend Besuch angemeldet hat.

Sesamringe

FÜR ETWA 12 STÜCK

QUARK-ÖL-TEIG
400 g Weizenmehl Type 405
200 g Magerquark
80 g Olivenöl
2 Eier (Gr. M)
1 Päckchen Backpulver
1 TL Salz
1 TL gemahlene Kurkuma
1 Eigelb (Gr. M)
50 g Sesamsamen
Mehl zum Bearbeiten
Außerdem: Backpapier

ZUBEREITUNG etwa 10 Minuten
BACKZEIT etwa 30 Minuten

VORBEREITEN
Ein Backblech mit dem Backpapier auslegen. Den Backofen auf 180 °C (Ober-/Unterhitze) vorheizen.

TM 5
QUARK-ÖL-TEIG
Das Mehl, den Quark, das Öl, die Eier, das Backpulver, das Salz und die Kurkuma in den Mixtopf geben und 1 Minute/Knetstufe verkneten. Den Teig auf einer leicht bemehlten Arbeitsfläche kurz zusammenkneten, zu einer langen Rolle formen und in 12 Stücke teilen.

Die Teigstücke erst zu etwa 15 cm langen Rollen, dann zu Ringen formen und auf das Backblech legen. Das Eigelb mit 2 Esslöffeln Wasser verquirlen, die Ringe damit bestreichen, mit dem Sesam bestreuen und im Backofen etwa 25–30 Minuten backen.

Die Ringe auf einem Kuchengitter auskühlen lassen.

Pizzabrötchen

FÜR ETWA 20 STÜCK

QUARK-ÖL-TEIG
100 g Emmentaler, in Stücken
400 g Weizenmehl Type 405
180 g Magerquark
80 g Olivenöl
2 Eier (Gr. M)
1 Päckchen Backpulver
1 TL Salz
2 TL getrockneter Oregano
20 g Tomatenmark
80 g Katenschinken, gewürfelt
Mehl zum Bearbeiten
Außerdem: Backpapier

ZUBEREITUNG etwa 10 Minuten
BACKZEIT etwa 25 Minuten

Tipp

Die Brötchen sind ein schneller Partysnack oder ideal für den Kindergeburtstag. Den Katenschinken können Sie durch gewürfelte Salami, Fleischwurst oder Wiener Würstchen ersetzen.

VORBEREITEN
Den Springformboden mit dem Backpapier bespannen. Den Backofen auf 180 °C (Ober-/Unterhitze) vorheizen.

TM 5
QUARK-ÖL-TEIG
Emmentaler in den Mixtopf geben, 3 Sekunden/Stufe 6 zerkleinern, umfüllen und beiseitestellen.

Das Mehl, den Quark, das Öl, die Eier, das Backpulver, das Salz, den Oregano, das Tomatenmark und den Katenschinken in den Mixtopf geben und 1 Minute/Knetstufe verkneten.

Den Teig auf einer leicht bemehlten Arbeitsfläche kurz zusammenkneten, eine lange Rolle formen und in 20 Stücke teilen. Die Teigstücke zu runden Brötchen formen, in die Springform setzen, mit Emmentaler bestreuen und im Backofen etwa 20–25 Minuten goldbraun backen.

Die Pizzabrötchen heiß servieren.

Schneller Butterkuchen

FÜR 1 FLADEN, ETWA 12 STÜCKE

QUARK-ÖL-TEIG
200 g Weizenmehl Type 405
100 g Magerquark
40 g Pflanzenöl
20 g Zucker
1 Ei (Gr. M)
½ Päckchen Backpulver
1 Prise Salz

BELAG
50 g Butter, kalt, in kleinen Würfeln
50 g Pistazien
50 g Cranberrys
50 g weiße Schokolade, in Stücken
Mehl zum Bearbeiten
Außerdem: Backpapier

ZUBEREITUNG etwa 10 Minuten
BACKZEIT etwa 30 Minuten

VORBEREITEN
Ein Backblech mit dem Backpapier auslegen. Den Backofen auf 180 °C (Ober-/Unterhitze) vorheizen.

TM 5
QUARK-ÖL-TEIG
Das Mehl, den Quark, das Öl, den Zucker, das Ei, das Backpulver und das Salz in den Mixtopf geben und 1 Minute/Knetstufe verkneten. Den Teig auf einer leicht bemehlten Arbeitsfläche kurz verkneten, zu einem etwa 2 cm dicken, ovalen Fladen formen und kleine Vertiefungen in den Teig drücken.

BELAG
Die Butterwürfel in die Vertiefungen setzen. Die Pistazien, die Cranberrys und die Schokolade in den Mixtopf geben, 4 Sekunden/Stufe 6 zerkleinern und auf den Teig streuen. Die Zutaten leicht in den Teig drücken und im Backofen etwa 25–30 Minuten backen.

Den Kuchen auf einem Kuchengitter auskühlen lassen, in Stücke schneiden und servieren.

Schneller Frühstückszopf

FÜR 1 ZOPF, ETWA 15 SCHEIBEN

QUARK-ÖL-TEIG
200 g Weizenmehl Type 405
100 g Magerquark
40 g Pflanzenöl
20 g Zucker
1 Ei (Gr. M)
½ Päckchen Backpulver
1 Prise Salz
80 g Müslimischung nach Belieben
1 Eigelb (Gr. M) mit
2 EL Milch verquirlt
Mehl zum Bearbeiten
Außerdem: Backpapier

ZUBEREITUNG etwa 15 Minuten
BACKZEIT etwa 30 Minuten

VORBEREITEN
Ein Backblech mit dem Backpapier auslegen. Den Backofen auf 180 °C (Ober-/Unterhitze) vorheizen.

TM 5
QUARK-ÖL-TEIG
Das Mehl, den Quark, das Öl, den Zucker, das Ei, das Backpulver, das Salz und zwei Drittel der Müslimischung in den Mixtopf geben und 1 Minute/Knetstufe verkneten. Den Teig auf einer leicht bemehlten Arbeitsfläche kurz verkneten und in 3 Portionen teilen.

Die 3 Teigstücke zu etwa 30 cm langen Strängen rollen, an einem Ende zusammenlegen und locker zu einem Zopf flechten, dabei das zweite Ende auch zusammenlegen. Den Hefezopf auf das Backblech legen. Das Eigelb mit der Milch verquirlen, den Zopf damit bestreichen, mit der übrigen Müslimischung bestreuen und im Backofen etwa 30 Minuten backen.

Den Hefezopf auf einem Kuchengitter auskühlen lassen, in Scheiben schneiden und servieren.

BISCUITS

Schoko-Streusel-Taler

FÜR ETWA 10–12 STÜCK

QUARK-ÖL-TEIG
200 g Weizenmehl Type 405
100 g Magerquark
40 g Pflanzenöl
20 g Zucker
1 Ei (Gr. M)
½ Päckchen Backpulver
1 Prise Salz
3 EL Milch zum Bestreichen

STREUSEL
70 g Butter, weich, in Stücken
90 g Weizenmehl Type 405
50 g Zucker
1 Prise gemahlener Zimt
1 Prise Salz
15 g Kakao
Mehl zum Bearbeiten
Außerdem: Backpapier

ZUBEREITUNG etwa 15 Minuten
BACKZEIT etwa 30 Minuten

VORBEREITEN
Ein Backblech mit dem Backpapier auslegen. Den Backofen auf 180 °C (Ober-/Unterhitze) vorheizen.

TM 5
QUARK-ÖL-TEIG
Das Mehl, den Quark, das Öl, den Zucker, das Ei, das Backpulver und das Salz in den Mixtopf geben und 1 Minute/Knetstufe verkneten. Den Teig auf einer leicht bemehlten Arbeitsfläche kurz zusammenkneten, eine lange Rolle formen und in 10–12 Stücke teilen. Die Teigstücke zu Kreisen ausrollen und auf das Backblech legen.

STREUSEL
Die Butter, das Mehl, den Zucker, den Zimt, das Salz und den Kakao in den Mixtopf geben und 10 Sekunden/Stufe 6 zu Streuseln vermischen.

Die Teigstücke mit der Milch einstreichen, mehrfach mit einer Gabel einstechen, die Schokostreusel darauf verteilen und im Backofen etwa 25–30 Minuten backen.

Die Schoko-Streusel-Taler auf einem Kuchengitter auskühlen lassen und servieren.

Rosettenkuchen

FÜR EINE 26ER SPRINGFORM, ETWA 12 STÜCKE

QUARK-ÖL-TEIG
50 g Haselnusskerne
400 g Weizenmehl Type 405
200 g Magerquark
80 g Pflanzenöl
40 g Zucker
2 Eier (Gr. M)
1 Päckchen Backpulver
1 Prise Salz
2 TL gemahlener Zimt
1 Glas Wild-Preiselbeeren
(etwa 200 g, Marmelade)
Butter und Mehl für die Form
Mehl zum Bearbeiten

ZUBEREITUNG etwa 15 Minuten
BACKZEIT etwa 35 Minuten

VORBEREITEN
Die Springform mit der Butter einfetten und mit dem Mehl bestäuben. Den Backofen auf 180 °C (Ober-/Unterhitze) vorheizen.

TM 5
QUARK-ÖL-TEIG
Die Haselnusskerne in den Mixtopf geben, 2 Sekunden/Stufe 6 hacken und umfüllen.

Für den Quark-Öl-Teig das Mehl, den Quark, das Öl, den Zucker, die Eier, das Backpulver, das Salz und den Zimt in den Mixtopf geben, 1 Minute/Knetstufe verkneten und den Teig auf einer leicht bemehlten Arbeitsfläche kurz zusammenkneten.

Den Teig zu einem Rechteck (30 x 40 cm) ausrollen, gleichmäßig mit den Preiselbeeren bestreichen und mit zwei Dritteln der Haselnüsse bestreuen. Aufrollen, in 3 cm breite Scheiben schneiden, diese aufrecht mit gleichem Abstand in die Springform setzen, mit den übrigen Haselnüsse bestreuen und im Backofen etwa 30–35 Minuten backen.

Den Rosettenkuchen ganz servieren. Jeder zupft sich seine Rosette ab.

Biskuitteig

Ein luftig aufgegangener Biskuit ist ein Muss für opulente Torten. Diese Königsdiziplin übernimmt Ihr Thermomix mit Leichtigkeit. Zwei Geheimnisse verrate ich Ihnen: einen Hauch Backpulver und die Ofentür beim Backen nicht öffnen.

Biskuitrolle (Grundrezept)

FÜR 1 ROLLE, ETWA 15 SCHEIBEN

BISKUITMASSE
50 g Butter
4 Eier (Gr. M)
100 g Zucker
1 Prise Salz
140 g Weizenmehl Type 405
1 TL Backpulver
2–3 EL Zucker
200 g Himbeermarmelade
Puderzucker
Außerdem: Backpapier

ZUBEREITUNG etwa 20 Minuten
BACKZEIT etwa 15 Minuten

Tipp

Für die gefüllten Biskuitrouladen den Biskuit wie beschrieben zubereiten, mit dem Zucker bestreuen und auf einen zweiten Bogen Backpapier stürzen. Noch heiß mit dem Rollholz 1–2-mal darüberrollen, mithilfe des Backpapiers zügig ohne Füllung aufrollen und abkühlen lassen.

VORBEREITEN

Ein Backblech mit dem Backpapier auslegen. Den Backofen auf 180 °C (Ober-/Unterhitze) vorheizen. Die Butter in einem kleinen Topf schmelzen.

TM 5

BISKUITMASSE

Den Rühraufsatz einsetzen. Die Eier, den Zucker und das Salz in den Mixtopf geben, erst 5 Minuten/37 °C/Stufe 4 warm aufschlagen und dann 5 Minuten/Stufe 4 kalt aufschlagen.

Das Mehl, das Backpulver und die Butter zugeben und 4 Sekunden/Stufe 3 unterrühren. Das übrige Mehl vom Rand gegebenenfalls mithilfe des Spatels unterheben. Den Teig auf das vorbereitete Backblech verteilen, glatt streichen und im Backofen etwa 12–15 Minuten backen.

Ein weiteres Stück Backpapier auf die Arbeitsfläche legen. Die Biskuitplatte nach dem Backen mit dem Zucker bestreuen, zügig auf das Backpapier stürzen und das Backpapier von der Unterseite des Biskuits abziehen. Den Biskuit mit der Himbeermarmelade bestreichen, mithilfe des untergelegten Backpapiers aufrollen und auskühlen lassen.

Die Biskuitrolle mit dem Puderzucker bestäuben, in Scheiben schneiden und servieren.

Mandarinen-Biskuitrolle

FÜR 1 ROLLE, ETWA 15 SCHEIBEN

FÜLLUNG
4 Blatt Gelatine
1 Dose Mandarinen (Abtropfgewicht 175 g)
200 g Sahne
250 g Magerquark
50 g Zucker

BISKUITMASSE
1 Grundrezept Biskuitrolle
(siehe Seite 108)

ZUBEREITUNG etwa 15 Minuten
RUHEZEIT etwa 3 Stunden Kühlen

TM 5

FÜLLUNG

Die Gelatine 10 Minuten in kaltem Wasser einweichen. Die Mandarinen in einem Sieb abgießen und den Saft auffangen.

Tipp

Zum Aufrollen ist es wichtig, dass die Quarkmasse schon gut geliert ist. Ist sie noch zu flüssig, im Kühlschrank weiter kühlen, bis sie fester und streichfähig wird.

Den Rühraufsatz einsetzen. Die Sahne in den Mixtopf geben und ohne Zeiteinstellung unter Aufsicht auf Stufe 3 steif schlagen. Den Rühraufsatz entfernen, die Sahne umfüllen und kalt stellen.

Den Mandarinensaft in den ungespülten Mixtopf geben und 2 Minuten/60 °C/Stufe 2 erwärmen. Sobald die Temperaturanzeige 60 °C erreicht hat, die ausgedrückte Gelatine durch die Deckelöffnung in das laufende Messer zugeben und die Restzeit ablaufen lassen. Den Quark und den Zucker zugeben, 20 Sekunden/Stufe 4 untermischen, umfüllen, kalt stellen und gelegentlich umrühren. Sobald die Masse zu Gelieren beginnt, die Sahne unter die Mandarinen-Quark-Masse heben.

Den Biskuit ausrollen, mit der Creme bestreichen und vorsichtig wieder aufrollen. Die Biskuitrolle in Frischhaltefolie wickeln und etwa 2–3 Stunden kalt stellen.

Die Mandarinen-Biskuitrolle in Scheiben schneiden und servieren.

Tiramisu-Biskuitrolle

FÜR 1 ROLLE, ETWA 15 SCHEIBEN

FÜLLUNG
4 Blatt Gelatine
2 Eiweiß (Gr. M)
1 Prise Salz
250 g Mascarpone
80 g Zucker
2 EL Mandellikör
50 g Espresso, frisch gebrüht und heiß (alternativ lösliches Espressopulver)
4–5 EL Kakao

BISKUITMASSE
1 Grundrezept Biskuitrolle
(siehe Seite 108)

ZUBEREITUNG etwa 15 Minuten
RUHEZEIT etwa 3 Stunden Kühlen

Tipp

Den Mandellikör können Sie durch Mandelsirup oder Mandelmilch ersetzen.

TM 5

FÜLLUNG

Die Gelatine 10 Minuten in kaltem Wasser einweichen. Den Rühraufsatz einsetzen. Das Eiweiß mit einer Prise Salz in den fettfreien Mixtopf geben, 4 Minuten/Stufe 3.5 steif schlagen, den Rühraufsatz entfernen und den Eischnee umfüllen.

Den Mascarpone, den Zucker und den Likör in den Mixtopf geben und 30 Sekunden/Stufe 4 aufschlagen. Die ausgedrückte Gelatine in dem heißen Espresso auflösen und 2 Esslöffel Mascarponecreme unterrühren. Die angerührte Espresso-Gelatine-Mischung zu der Mascarponecreme geben und 15 Sekunden/Stufe 4 untermischen. Den Eischnee zugeben, mithilfe des Spatels unterheben und kalt stellen.

Sobald die Masse zu gelieren beginnt, den Biskuit ausrollen und mit der Creme bestreichen. Den Kakao durch ein feines Sieb auf die Creme streuen, den Biskuit vorsichtig aufrollen, in Frischhaltefolie wickeln und etwa 2–3 Stunden kalt stellen.

Die Biskuitrolle in Scheiben schneiden und servieren.

Erdbeer-Kokos-Schnitten

FÜR 1 BACKRAHMEN (20 X 30 CM), ETWA 15 STÜCKE

BISKUITMASSE
40 g Kokosraspel
3 Eier (Gr. M)
80 g Zucker
1 Prise Salz
80 g Weizenmehl Type 405
1 TL Backpulver

BELAG UND FÜLLUNG
2 Limetten
8 Blatt Gelatine
etwa 1 kg Erdbeeren
500 g Kokosmilch
250 g Naturjoghurt
3 Eiweiß
1 Prise Salz
70 g Zucker
50 g Kokosraspel zum Rösten
Außerdem: Backpapier, Backrahmen

ZUBEREITUNG etwa 30 Minuten
RUHEZEIT 2 Stunden Kühlen
BACKZEIT etwa 15 Minuten

VORBEREITEN

Ein Backblech mit dem Backpapier auslegen, den Backrahmen daraufstellen und auf 20 x 30 cm einstellen. Den Backofen auf 180 °C (Ober-/Unterhitze) vorheizen.

TM 5

BISKUITMASSE

40 g Kokosraspel in den Mixtopf geben, 10 Sekunden/Stufe 10 mahlen und umfüllen. Den Rühraufsatz einsetzen, die Eier, den Zucker und das Salz in den Mixtopf geben, erst 5 Minuten/37 °C/Stufe 4 warm aufschlagen, dann 5 Minuten/Stufe 4 kalt schlagen.

Das Mehl, das Kokosmehl und das Backpulver zugeben, 4 Sekunden/Stufe 3 unterrühren, den Rühraufsatz entfernen und das übrige Mehl vom Rand gegebenenfalls mithilfe des Spatels unterheben. Den Teig auf das Backblech in dem Backrahmen verteilen, glatt streichen und im Backofen etwa 12–15 Minuten backen.

Die Gelatine 10 Minuten in kaltem Wasser einweichen. Den Saft der Limetten auspressen. Die Erdbeeren waschen und putzen. Den Boden auf einem Kuchengitter abkühlen lassen. Den Mixtopf und Rühraufsatz spülen. 100 g Kokosmilch in den Mixtopf geben und 3 Minuten/50 °C/Stufe 2 erwärmen. Die ausgedrückte Gelatine neben das Messer in die Kokosmilch geben, 30 Sekunden/50 °C/Stufe 3 auflösen und untermischen. Die übrige Kokosmilch, den Joghurt und den Limettensaft zugeben, 20 Sekunden/Stufe 3 mischen, umfüllen und kalt stellen.

Den Mixtopf gut reinigen. Den Rühraufsatz einsetzen. Eiweiß, Salz und Zucker in den Mixtopf geben, 4 Minuten/Stufe 3.5 steif schlagen und den Eischnee unter die gelierende Kokoscreme heben. Die Creme im Backrahmen verteilen, glatt streichen. 2 Stunden kalt stellen.

Die Erdbeeren in Scheiben schneiden und fächerartig auf der Kokoscreme verteilen. Mit einem Messer den Kuchen vom Rahmen lösen und den Rahmen abnehmen.

Mango-Buttermilch-Ecken

FÜR 1 BACKRAHMEN (20 X 30 CM), ETWA 15 STÜCKE

BISKUITMASSE
50 g Butter
3 Eier
100 g Zucker
1 Prise Salz
125 g Weizenmehl Type 405
1 TL Backpulver

FÜLLUNG
12 Blatt Gelatine
400 g Sahne
1000 g Buttermilch
150 g Zucker

VORBEREITEN
Den Backrahmen auf ein mit Backpapier ausgelegtes Backblech setzen und auf 20 x 30 cm einstellen. Den Backofen auf 180 °C (Ober-/Unterhitze) vorheizen.

TM 5
BISKUITMASSE
Die Butter in einem kleinen Topf schmelzen. Den Rühraufsatz einsetzen. Die Eier, den Zucker und das Salz in den Mixtopf geben, 5 Minuten/37 °C/Stufe 4 warm aufschlagen und 5 Minuten/Stufe 4 kalt schlagen.

Das Mehl, das Backpulver und die geschmolzene Butter zugeben und 4 Sekunden/Stufe 3 unterrühren. Den Rühraufsatz entfernen und die Mehlreste mithilfe des Spatels unterheben. Den Teig in den Backrahmen füllen, glatt streichen und im Backofen etwa 20 Minuten backen. Den Mixtopf und den Rühraufsatz spülen.

FÜLLUNG
Die Gelatine etwa 10 Minuten in kaltem Wasser einweichen. Den Rühraufsatz einsetzen, die Sahne in den Mixtopf geben und unter Aufsicht ohne Zeitvorgabe/Stufe 3 steif schlagen. Den Rühraufsatz entfernen, die Sahne umfüllen und kalt stellen. Den Biskuit auf einem Kuchengitter auskühlen lassen.

Die Buttermilch und den Zucker in den ungespülten Mixtopf geben. 20 Sekunden/Stufe 4 mischen. Drei Viertel der Mischung in eine große Schüssel umfüllen und kalt stellen. Die gut ausgedrückte Gelatine zu der übrigen Buttermilch-Mischung (etwa 250 g) in den Mixtopf geben, 3 Minuten/50 °C/Stufe 3 auflösen und mischen.

Hier geht's weiter!

GUSS

1 Dose Mangoscheiben (Füllmenge 425 g/Abtropfgewicht 250 g)
1 Beutel Agartine (à 10 g, etwa von Dr. Oetker)
Außerdem: Backpapier

ZUBEREITUNG etwa 45 Minuten
RUHEZEIT etwa 3–4 Stunden Kühlen
BACKZEIT etwa 20 Minuten

Tipp

Zum Kaltstellen setzen Sie den gebackenen Biskuit samt Rahmen auf eine Tortenplatte, die im Kühlschrank Platz findet. Das Backblech wird in den meisten Fällen zu groß sein.

Die Gelatine-Buttermilch-Mischung zur Buttermilch in die Schüssel geben, verrühren und kalt stellen. Sobald die Mischung zu gelieren beginnt, die Sahne vorsichtig unterheben. Die Creme auf dem Boden in dem Backrahmen verteilen und etwa 2–3 Stunden kalt stellen. Den Mixtopf spülen.

GUSS

Die Mango mit dem Saft in den Mixtopf geben und 20 Sekunden/Stufe 5 pürieren. Die Agartine neben das Mixmesser in das Püree streuen und 4 Minuten/100 °C/Stufe 1 aufkochen. Sobald die Temperaturanzeige 100 °C anzeigt, eine Restzeit von 2 Minuten einstellen und ablaufen lassen.

Den Mango-Guss auf der Buttermilch-Creme verteilen und weitere 30 Minuten kalt stellen. Den Kuchen anschließend aus dem Backrahmen lösen, in Stücke schneiden und servieren.

Erdbeer-Torte

FÜR EINE 26ER SPRINGFORM, ETWA 12 STÜCKE

BISKUITMASSE
4 Eier (Gr. M)
100 g Zucker
1 EL selbst gemachter Vanillezucker
1 Prise Salz
100 g Weizenmehl Type 405
30 g Speisestärke
2 gestrichene TL Backpulver

VANILLECREME
10 g selbst gemachter Vanillezucker
20 g Zucker
400 g Milch
1 Ei (Gr. M)
35 g Speisestärke
100 g Butter

BELAG
etwa 750 g Erdbeeren
1 Päckchen roter Tortenguss
2 EL Zucker
250 g roter Fruchtsaft
Außerdem: Backpapier

ZUBEREITUNG etwa 30 Minuten
RUHEZEIT 30 Minuten Abkühlen
BACKZEIT etwa 20 Minuten

VORBEREITEN
Den Springformboden mit dem Backpapier bespannen. Den Backofen auf 180 °C (Ober-/Unterhitze) vorheizen.

Tipp
Anstelle des Fruchtsafts können Sie auch Erdbeersirup mit Wasser mischen und für den Tortenguss verwenden.

TM 5
BISKUITMASSE
Den Rühraufsatz einsetzen. Die Eier, den Zucker, den Vanillezucker und das Salz in den Mixtopf geben, erst 5 Minuten/37 °C/Stufe 4 warm aufschlagen, dann 5 Minuten/Stufe 4 kalt aufschlagen.

Das Mehl, die Speisestärke und das Backpulver zugeben und 4 Sekunden/Stufe 3 unterrühren. Den Rühraufsatz entfernen und das Mehl vom Rand mithilfe des Spatels unterheben. Den Teig in die Springform füllen, glatt streichen und im Backofen etwa 20 Minuten backen. Den Mixtopf spülen. Den Boden auf einem Kuchengitter auskühlen lassen.

VANILLECREME
Den Vanillezucker, den Zucker, die Milch, das Ei und die Speisestärke in den Mixtopf geben und 6 Minuten/95 °C/Stufe 3.5 kochen. Die Vanillecreme auf dem Boden verteilen, glatt streichen und abkühlen lassen.

BELAG
Die Erdbeeren waschen, putzen und auf der Creme verteilen. Den Tortenguss und den Zucker in einem kleinen Topf verrühren. Den Fruchtsaft zugeben, unter Rühren aufkochen, noch heiß auf den Erdbeeren verteilen und abkühlen lassen.

Die Erdbeer-Torte in Stücke schneiden und servieren.

Stachelbeer-Creme-Schnitte

FÜR 1 BACKRAHMEN (25 X 25 CM), ETWA 16 STÜCKE

BISKUITMASSE
3 Eier (Gr. M)
100 g Zucker
1 Prise Salz
1 EL selbst gemachter Vanillezucker
100 g Weizenmehl Type 405
30 g Speisestärke
2 gestrichene TL Backpulver
100 g Mandelblättchen

VORBEREITEN

Den Backrahmen auf ein mit Backpapier ausgelegtes Backblech setzen und auf 25 x 25 cm einstellen. Den Backofen auf 180 °C (Ober-/Unterhitze) vorheizen.

TM 5

BISKUITMASSE

Den Rühraufsatz einsetzen. Die Eier, den Zucker, das Salz und den Vanillezucker in den Mixtopf geben, 5 Minuten/37 °C/Stufe 4 warm und 5 Minuten/Stufe 4 kalt aufschlagen.
Das Mehl, die Speisestärke und das Backpulver zugeben und 4 Sekunden/Stufe 3 unterheben. Den Rühraufsatz entfernen. Das restliche Mehl mithilfe des Spatels behutsam unterheben, den Teig in den Backrahmen füllen und im Backofen etwa 20 Minuten backen.

Die Mandelblättchen auf einem Backblech verteilen, im noch eingeschalteten Backofen unter Aufsicht 3–5 Minuten goldbraun rösten, herausnehmen, umfüllen und abkühlen lassen. Den Mixtopf spülen.

Hier geht's weiter!

FÜLLUNG

2 Gläser Stachelbeeren (Abtropfgewicht je 360g)
70 g Zucker
25 g Butter, zimmerwarm
450 g Sahne
1 Ei (Gr. M)
30 g Speisestärke
Außerdem: Backpapier

ZUBEREITUNG etwa 45 Minuten
RUHEZEIT 2–3 Stunden Kühlen
BACKZEIT etwa 25 Minuten

FÜLLUNG

Die Stachelbeeren in einem Sieb abgießen, den Saft auffangen und 500 g Saft abmessen. 50 g Zucker und die Butter in den Mixtopf geben und 4 Minuten/100 °C/Stufe 2 schmelzen. 100 g Sahne und den Stachelbeersaft zugeben und 5 Minuten 30 Sekunden/95 °C/Stufe 1.5 erhitzen. Das Ei und die Speisestärke durch die Deckelöffnung geben und 4 Minuten/90 °C/Stufe 3.5 kochen. Die Stachelbeeren zugeben und mithilfe des Spatels unterheben.

Den Biskuitboden aus dem Backrahmen lösen, wenden, das Backpapier abziehen und den Boden auf einem Kuchengitter auskühlen lassen. Den Boden auf eine Kuchenplatte legen und den Backrahmen wieder darum setzen. Die Stachelbeercreme auf dem Biskuitboden verteilen und etwa 30 Minuten bei Zimmertemperatur abkühlen lassen. Den Kuchen weitere 2–3 Stunden kalt stellen.

Den Mixtopf spülen. Sobald die Creme kalt und fest ist, die Sahne vorbereiten. Dafür den restlichen Zucker in den Mixtopf geben und 1 Minute/Stufe 10 pulverisieren. Den Rühraufsatz einsetzen, die übrige Sahne zugeben und ohne Zeiteinstellung/Stufe 3 unter Aufsicht steif schlagen.

Den Stachelbeerboden aus dem Backrahmen lösen, die Sahne darauf verteilen, glatt streichen, alles mit den gerösteten Mandeln bestreuen, in Stücke schneiden und servieren.

Esterhazy-Kuchen

FÜR 1 KUCHEN, ETWA 10 STÜCKE

CREME
2 Blatt Gelatine
300 g Milch
30 g Speisestärke
30 g selbst gemachter Vanillezucker
60 g Butter, weich

BODEN
5 Eier (Gr. M)
1 Prise Salz
120 g Zucker
150 g gemahlene Haselnüsse

GARNITUR
50 g Zartbitterkuvertüre
80 g Haselnussblättchen
Außerdem: Backpapier

ZUBEREITUNG etwa 30 Minuten
RUHEZEIT 2 Stunden Kühlen
BACKZEIT etwa 12 Minuten

Tipp

Die Esterhazy-Schnitte in abgewandelter, aber nicht minder leckerer Form! Sie sieht aufwendiger aus, als sie ist.

VORBEREITEN

Ein Backblech mit dem Backpapier auslegen. Den Backofen auf 220 °C (Ober-/Unterhitze) vorheizen.

TM 5

CREME

Die Eier trennen. Die Gelatine in kaltem Wasser einweichen. Milch, Stärke, Vanillezucker und Eigelbe in den Mixtopf geben. 6 Minuten/95 °C/Stufe 3 aufkochen.

Die Butter und die ausgedrückte Gelatine zugeben, 30 Sekunden/Stufe 4 untermischen, in eine flache Schale füllen, abgedeckt 2 Stunden kalt stellen. Mixtopf spülen.

BODEN

Den Rühraufsatz einsetzen. Das Eiweiß, das Salz und den Zucker in den Mixtopf geben und 4 Minuten/Stufe 3.5 steif schlagen. Haselnüsse zufügen und 4 Sekunden/Stufe 3 unterheben. Den Rühraufsatz entfernen und mithilfe des Spatels die restlichen Haselnüsse unterheben. Den Teig auf das Backblech streichen und im Backofen etwa 10–12 Minuten unter Aufsicht hell backen.

Den Mixtopf spülen. Die Kuvertüre hacken, in einen Gefrierbeutel geben, zuknoten und in eine Schüssel mit heißem Wasser legen. Den Boden auf einem Kuchengitter auskühlen lassen.

Den Boden in 4 Streifen schneiden und einen Teigstreifen auf ein Stück Backpapier legen. Die Vanillecreme in den Mixtopf geben und 20 Sekunden/Stufe 4 aufschlagen. Ein Viertel der Creme auf den ersten Teigstreifen streichen. Mit einem weiteren Teigstreifen belegen, erneut bestreichen und belegen. So fortfahren, bis alle vier Teigstreifen aufgebraucht sind. Die Seiten und Oberfläche mit der restlichen Creme bestreichen und an den Seiten und der Oberfläche mit den Haselnussblättchen dekorieren. Die Schnitte mit der Schokolade verzieren und etwa 2 Stunden kalt stellen.

Die Schnitte in 8–10 Stücke schneiden und servieren.

Cappuccino-Torte

FÜR EINEN 20ER TORTENRING, ETWA 8–10 STÜCKE

BISKUITMASSE
50 g Haselnusskerne
50 g Zartbitterschokolade, in Stücken
4 Eier (Gr. M)
1 Prise Salz
90 g Zucker
100 g Weizenmehl Type 405
1 gehäufter TL Backpulver

FÜLLUNG
600 g Sahne
1 Päckchen Sahnesteif
2 gehäufte EL lösliches Espressopulver
20 g Puderzucker
Kakaopulver zum Bestäuben
Außerdem: Backpapier, Spritzbeutel mit Lochtülle

ZUBEREITUNG etwa 30 Minuten
BACKZEIT etwa 20 Minuten

VORBEREITEN
Den Tortenring auf ein mit Backpapier ausgelegtes Backblech setzen. Den Backofen auf 180 °C (Ober-/Unterhitze) vorheizen.

TM 5
BISKUITMASSE
Die Nüsse und die Schokolade in den Mixtopf geben, 10 Sekunden/Stufe 10 zerkleinern, umfüllen und beiseitestellen. Den Rühraufsatz einsetzen, die Eier, das Salz und den Zucker zugeben, 5 Minuten/37 °C/Stufe 4 warm und 5 Minuten/Stufe 4 kalt schlagen. Das Mehl, die Haselnuss-Schoko-Mischung und das Backpulver zugeben. 4 Sekunden/Stufe 3 vermischen. Den Rühraufsatz entfernen. Den Teig in den Tortenring füllen. Im Backofen 20 Minuten backen. Den Mixtopf spülen.

Den Boden auf einem Kuchengitter auskühlen lassen, aus der Form lösen und halbieren. Den unteren Boden auf eine Tortenplatte setzen. Den oberen Boden in Stücke zerteilen, in den Mixtopf geben, 4 Sekunden/Stufe 6 zerkleinern und umfüllen.

FÜLLUNG
Den Mixtopf spülen, den Rühraufsatz einsetzen, 300 g Sahne zugeben und ohne Zeitvorgabe/Stufe 3 unter Aufsicht steif schlagen. Nach 20 Sekunden das Sahnesteif und das Espressopulver durch die Deckelöffnung in das laufende Messer geben und fertig steif schlagen.

Die Kuchenkrümel zu der geschlagenen Sahne geben und mithilfe des Spatels unterheben. Die Creme auf dem Boden verteilen, als Kuppel verstreichen und kalt stellen. Den Mixtopf spülen. Die übrige Sahne mit dem Puderzucker zugeben, unter Aufsicht ohne Zeitvorgabe/Stufe 3 steif schlagen. In einen Spritzbeutel mit Lochtülle umfüllen. Die Sahne in Tupfen auf der Kuppel aufspritzen, mit Kakaopulver bestäuben, in Stücke schneiden und servieren.

Schokomousse-Torte

FÜR EINEN 22ER TORTENRING, ETWA 10–12 STÜCKE

BISKUITMASSE
4 Eier (Gr. M)
100 g Zucker
1 Prise Salz
1 EL selbst gemachter Vanillezucker
100 g Weizenmehl Type 405
30 g Speisestärke
2 gestrichene TL Backpulver

FÜLLUNG
500 g Sahne
200 g Zartbitterschokolade, in Stücken (mind. 70 % Kakaoanteil)
5 Eigelb (Gr. M)
30 g Zucker
100 g Haselnusskrokant
Kakaopulver zum Bestäuben
Außerdem: Backpapier

ZUBEREITUNG etwa 40 Minuten
RUHEZEIT 3 Stunden Kühlen
BACKZEIT etwa 20 Minuten

VORBEREITEN

Den Tortenring auf ein mit Backpapier ausgelegtes Backblech setzen. Den Backofen auf 180 °C (Ober-/Unterhitze) vorheizen.

TM 5

BISKUITMASSE

Den Rühraufsatz einsetzen. Eier, Zucker, Salz und Vanillezucker in den Mixtopf geben, 5 Minuten/37 °C/Stufe 4 warm und 5 Minuten/Stufe 4 kalt aufschlagen. Das Mehl, die Speisestärke und das Backpulver zugeben und 4 Sekunden/Stufe 3 unterheben. Den Rühraufsatz entfernen. Das restliche Mehl mithilfe des Spatels vorsichtig unterheben. Den Teig in den Tortenring füllen. Im Backofen 20 Minuten backen. Den Mixtopf spülen.

FÜLLUNG

Rühraufsatz einsetzen. 350 g Schlagsahne in den Mixtopf geben, ohne Zeiteinstellung/Stufe 3 unter Aufsicht steif schlagen, umfüllen und kalt stellen. Die Schokolade in den ungespülten Mixtopf geben, 6 Sekunden/Stufe 7 hacken, mit dem Spatel nach unten schieben. 150 g Sahne zugeben, 4 Minuten/50 °C/Stufe 2 schmelzen, umfüllen. Eigelb und Zucker in den ungespülten Mixtopf geben. 1 Minute/Stufe 3.5 schlagen. Die Schokosahne zugeben. 30 Sekunden/Stufe 3.5 verrühren. Die restliche Sahne zufügen. 15 Sekunden/Stufe 3.5 einrühren.

Den Boden auf einem Gitter abkühlen lassen, aus dem Ring lösen und in 3 gleiche Böden schneiden. Den Tortenring spülen. Den untersten Tortenboden auf eine Tortenplatte setzen, den Tortenring straff darum setzen und die Hälfte der Schokomousse einfüllen. Den mittleren Tortenboden darauflegen. Vorsichtig andrücken. Den Krokant zu der übrigen Schokomousse in den Mixtopf geben, mit dem Spatel behutsam unterheben und auf dem zweiten Boden verteilen. Den letzten Boden daraufsetzen, wieder andrücken. 3 Stunden kalt stellen. Den Tortenring lösen. Die Torte dick mit Kakao bestäuben.

Sandmasse

Der Allround-Kuchen
für jede Gelegenheit. Süß
oder herzhaft? Sie haben
die Wahl. Schauen Sie
gleich in die Rezepte, die
Gelinggarantie geben wir
Ihnen mit dazu.

Gugelhupf mit Scamorza

FÜR 1 GUGELHUPFFORM (24 CM), ETWA 15 SCHEIBEN

TEIG
150 g geräucherter Scamorza (ital. Käse), in Stücken
4 Eier (Gr. M)
180 g Joghurt
60 g Olivenöl
25 g tiefgekühlte Kräutermischung
140 g Weizenmehl Type 405
1 Päckchen Backpulver
1 TL Salz
½ TL Pfeffer
Butter zum Einfetten
Mehl zum Bestäuben

ZUBEREITUNG etwa 10 Minuten
RUHEZEIT 10 Minuten Abkühlen
BACKZEIT etwa 60 Minuten

VORBEREITEN

Die Gugelhupfform mit der Butter einfetten und mit dem Mehl ausstäuben. Den Backofen auf 180 °C (Ober-/Unterhitze) vorheizen.

TM 5

TEIG

Den Scamorza in den Mixtopf geben und 3 Sekunden/Stufe 5 zerkleinern. Die Eier, den Joghurt, das Öl, die Kräuter, das Mehl, das Backpulver, das Salz und den Pfeffer zugeben und 1 Minute/Stufe 3.5 mischen.

Den Teig in die Gugelhupfform füllen und im Backofen etwa 50–60 Minuten backen. Den Gugelhupf etwa 10 Minuten in der Form abkühlen lassen, anschließend aus der Form stürzen, in Scheiben schneiden und lauwarm servieren.

Lachs-Muffins

FÜR ETWA 12 STÜCK

100 g Räucherlachs
2 Frühlingszwiebeln
60 g Olivenöl
250 g Joghurt
50 g Milch
3 Eier (Gr. M)
275 g Weizenmehl Type 405
½ TL Salz
2 TL Backpulver
½ TL Natron
Butter zum Einfetten oder Papier-Muffinförmchen
Außerdem: Muffinblech mit 12 Mulden

ZUBEREITUNG etwa 15 Minuten
BACKZEIT etwa 20 Minuten

VORBEREITEN
Die Mulden des Muffinblechs einfetten oder mit den Papier-Muffinförmchen auslegen. Den Backofen auf 180 °C (Ober-/Unterhitze) vorheizen.

TM 5
Den Lachs klein würfeln. Die Frühlingszwiebeln waschen, putzen und in feine Ringe schneiden. Das Öl, den Joghurt, die Milch und die Eier in den Mixtopf geben und 15 Sekunden/Stufe 4 aufschlagen.

Das Mehl, das Salz, das Backpulver und das Natron zugeben und mithilfe des Spatels 5 Sekunden/Stufe 3.5 mischen. Die Lachswürfel und die Frühlingszwiebeln mithilfe des Spatels unterheben. Den Teig in den Mulden des Muffinblechs verteilen und im Backofen etwa 20 Minuten backen. Warm oder kalt servieren.

Bacon-Ei-Muffins

FÜR ETWA 12 STÜCK

12 Scheiben Frühstücksbacon
60 g Rapsöl
200 g Buttermilch
15 Eier (Gr. S)
225 g Weizenmehl Type 405
½ TL Salz
2 TL Backpulver, ½ TL Natron
1 TL Salz, ½ TL Pfeffer
1 Bd. Petersilie, gewaschen, gehackt
Außerdem: Muffinblech mit 12 Mulden

ZUBEREITUNG etwa 20 Minuten
BACKZEIT etwa 20 Minuten

VORBEREITEN
Den Backofen auf 180 °C (Ober-/Unterhitze) vorheizen.

TM 5
In jede Mulde des Muffinblechs einen Streifen Bacon am Rand entlang legen. Das Öl, die Buttermilch und 3 Eier in den Mixtopf geben. 15 Sekunden/Stufe 4 aufschlagen. Das Mehl, das Salz, das Backpulver und das Natron zugeben, mit Pfeffer würzen und mithilfe des Spatels 5 Sekunden/Stufe 3.5 mischen. Den Teig in den Mulden des Muffinblechs verteilen und mit einem Teelöffel eine Vertiefung in die Oberfläche drücken. Die übrigen Eier einzeln aufschlagen, ein Ei in jede Vertiefung geben. Im Backofen 20 Minuten backen. Die Muffins mit Salz, Pfeffer und gehackter Petersilie bestreuen. Warm servieren.

Oliven-Kräuter-Muffins

FÜR ETWA 12 STÜCK

50 g grüne Oliven, entsteint
50 g schwarze Oliven, entsteint
100 g Olivenöl
125 g Joghurt
3 Eier (Gr. M)
100 g Weizenmehl Type 550
100 g Maisgrieß
1 TL Salz
2 TL Backpulver
½ TL Natron
2 EL tiefgekühlte Kräutermischung
Butter zum Einfetten oder
Papier-Muffinförmchen
Außerdem: Muffinblech mit 12 Mulden

ZUBEREITUNG etwa 10 Minuten
BACKZEIT etwa 20 Minuten

VORBEREITEN

Die Mulden des Muffinblechs einfetten oder mit den Papier-Muffinförmchen auslegen. Den Backofen auf 180 °C (Ober-/Unterhitze) vorheizen.

TM 5

Die Oliven in den Mixtopf geben und 5 Sekunden/Stufe 5 zerkleinern.

Das Öl, den Joghurt und die Eier in den Mixtopf geben und 10 Sekunden/Stufe 4 aufschlagen.

Das Mehl, den Grieß, das Salz, das Backpulver, das Natron und die Kräuter zugeben und mithilfe des Spatels 5 Sekunden/Stufe 3.5 mischen. Den Teig in den Mulden des Muffinblechs verteilen, im Backofen etwa 20 Minuten backen und servieren.

Walnuss-Kastenkuchen

FÜR 1 KASTENFORM (LÄNGE 25 CM), ETWA 15 SCHEIBEN

6 Zweige Thymian
½ unbehandelte Zitrone
150 g Walnusskerne
5 Eier (Gr. M), 200 g Joghurt
75 g Olivenöl
1 ½ TL Salz
220 g Weizenmehl Type 550
100 g Maisgrieß, 1 Pckg. Backpulver
Butter zum Einfetten

ZUBEREITUNG etwa 20 Minuten
BACKZEIT etwa 40 Minuten

VORBEREITEN

Die Kastenform mit der Butter einfetten. Den Backofen auf 200 °C (Ober-/Unterhitze) vorheizen.

TM 5

Den Thymian abbrausen, trockenschütteln und die Blätter abzupfen. Die Zitrone heiß waschen, trocknen und die Schale fein abreiben. Die Zitronenschale, den Thymian und die Walnusskerne in den Mixtopf geben und 3 Sekunden/Stufe 5 hacken. Die Eier, den Joghurt und das Öl dazugeben und 10 Sekunden/Stufe 4 verrühren. Das Salz, das Mehl, den Grieß und das Backpulver zugeben und 15 Sekunden/Stufe 3.5 vermischen. Den Teig in die Kastenform füllen. Im Backofen etwa 40 Minuten backen. Den Kuchen auf einem Gitter abkühlen lassen.

Muffinform

Zwetschgen-Hafer-Kuchen

FÜR 1 BACKBLECH, ETWA 20 STÜCKE

TEIG
1 kg Zwetschgen
250 g Butter, weich
200 g Zucker
5 Eier (Gr. M)
150 g Weizenmehl Type 405
200 g zarte Haferflocken
1 Päckchen Backpulver
1 Prise Salz
25 g Kakao
100 g Milch
Puderzucker zum Bestäuben
Außerdem: Backpapier

ZUBEREITUNG etwa 15 Minuten
BACKZEIT etwa 25 Minuten

VORBEREITEN
Ein Backblech mit dem Backpapier auslegen. Den Backofen auf 180 °C (Ober-/Unterhitze) vorheizen. Die Zwetschgen waschen, halbieren und entsteinen.

TM 5
TEIG
Die Butter, den Zucker und die Eier in den Mixtopf geben und 1 Minute/Stufe 4 verrühren. Das Mehl, die Haferflocken, das Backpulver, das Salz, den Kakao und die Milch zugeben und mithilfe des Spatels 15 Sekunden/Stufe 5 mischen.

Den Teig auf dem Backblech verstreichen. Die halbierten Zwetschgen dicht auf dem Teig verteilen, leicht eindrücken und im Backofen etwa 20–25 Minuten backen.

Den Kuchen auf einem Kuchengitter auskühlen lassen, mit Puderzucker bestäuben, in Stücke schneiden und servieren.

Rhabarber-Kuchen

FÜR 1 BACKBLECH MIT BACKRAHMEN, ETWA 20 STÜCKE

TEIG
1 kg Rhabarber
180 g Zucker
50 g Haselnusskerne
180 g Butter, weich
4 Eier
150 g Joghurt
300 g Weizenmehl Type 405
1 Päckchen Backpulver
Puderzucker zum Bestäuben
Außerdem: Backrahmen, Backpapier

ZUBEREITUNG etwa 20 Minuten
BACKZEIT etwa 30 Minuten

Tipp

Der Kuchen schmeckt am nächsten Tag, wenn er durchgezogen ist, besonders lecker. Zum Abgießen des Rhabarbers einfach den Garkorb verwenden. Für den Saft eine Schüssel unterstellen.

VORBEREITEN
Ein Backblech mit Backpapier auslegen, den Backrahmen daraufsetzen und auf Größe des Blechs ausziehen. Den Backofen auf 180 °C (Ober-/Unterhitze) vorheizen.

TM 5
TEIG
Den Rhabarber waschen, schälen, in 1 cm lange Stücke schneiden, mit 50 g Zucker mischen und beiseitestellen. Die Haselnusskerne in den Mixtopf geben, 3 Sekunden/ Stufe 7 hacken und umfüllen.

Den restlichen Zucker, die Butter, die Eier und den Joghurt in den Mixtopf geben und 1 Minute/Stufe 5 aufschlagen. Das Mehl und das Backpulver zugeben und mithilfe des Spatels 25 Sekunden/Stufe 5 mischen. Den Rhabarber abgießen und dabei den Saft auffangen. Die Hälfte des Rhabarbers und die Haselnusskerne mithilfe des Spatels unter den Teig heben und in dem Backrahmen verteilen. Den übrigen Rhabarber darüberstreuen und im Backofen etwa 30 Minuten backen.

Den Kuchen nach dem Backen noch heiß mit dem aufgefangenen Rhabarbersaft beträufeln, auskühlen lassen, in Stücke schneiden und servieren.

Schoko-Himbeer-Schnitte

FÜR 1 BACKBLECH, ETWA 20 STÜCKE

TEIG
125 g Zucker
150 g Pflanzenöl
275 g Weizenmehl Type 405
25 g Kakao
1 Päckchen Backpulver
4 Eier (Gr. M)
150 g Mineralwasser

BELAG
350 g tiefgekühlte Himbeeren
1 Zitrone
500 g Mascarpone
25 g selbst gemachter Vanillezucker
1 Packung Vanillesauce ohne Kochen
Außerdem: Backpapier

ZUBEREITUNG etwa 20 Minuten
RUHEZEIT 20 Minuten Abkühlen
BACKZEIT etwa 20 Minuten

VORBEREITEN
Ein Backblech mit dem Backpapier auslegen. Den Backofen auf 180 °C (Ober-/Unterhitze) vorheizen.

TM 5
TEIG
Den Zucker, das Öl, das Mehl, den Kakao, das Backpulver, die Eier und das Mineralwasser in den Mixtopf geben und 12 Sekunden/Stufe 4.5 mischen. Den Teig gleichmäßig auf dem Backblech glatt streichen und im Backofen etwa 20 Minuten backen. Den Mixtopf spülen. Den Boden auf einem Kuchengitter auskühlen und die Himbeeren auftauen lassen. Den Mixtopf spülen.

BELAG
Den Saft der Zitrone auspressen. Den Mascarpone, den Vanillezucker und den Zitronensaft in den Mixtopf geben und 15 Sekunden/Stufe 4 aufschlagen. Die Mascarponecreme auf dem Schokoboden verstreichen. Den Mixtopf spülen.

Die Himbeeren und das Saucenpulver in den Mixtopf geben, 30 Sekunden/Stufe 3.5 mischen und gleichmäßig auf der Mascarponecreme verteilen. Die Schnitte eventuell 1 Stunde kalt stellen.

Tipp

Genuss ohne Kerne: Die Himbeeren ohne Saucenpulver in den Mixtopf geben und 15 Sekunden/Stufe 4 pürieren. Das Himbeerpüree durch ein feines Sieb passieren, das Saucenpulver zugeben und 1 Minute einrühren.

Manche Tage
muss man

Limetten-Kokos-Kuchen

FÜR EINE 26ER SPRINGFORM, ETWA 12 STÜCKE

TEIG
1 Dose Ananasstücke (Abtropfgewicht 350 g)
2 Eier (Gr. M)
150 g Zucker
1 Päckchen Backpulver
1 Prise Salz
250 g Weizenmehl Type 405
75 g Kokosraspel

BELAG
2 unbehandelte Limetten
30 g Zucker
50 g Butter, weich
150 g Frischkäse
Butter zum Einfetten

ZUBEREITUNG etwa 20 Minuten
BACKZEIT etwa 25 Minuten

VORBEREITEN
Die Springform mit der Butter einfetten. Den Backofen auf 180 °C (Ober-/Unterhitze) vorheizen.

TM 5
TEIG
Die Ananas in einem Sieb abgießen und abtropfen lassen. Den Ananassaft anderweitig verwenden. Die Ananasstücke in den Mixtopf geben und 2 Sekunden/Stufe 5 zerkleinern.

Die Eier, den Zucker, das Backpulver, das Salz, das Mehl und die Kokosraspel zugeben und 10 Sekunden/Stufe 4 mischen. Den Teig in die Springform füllen und im Backofen etwa 20–25 Minuten backen. Den Mixtopf spülen.

BELAG
Die Limetten waschen, trockentupfen, die Schale mit einem Sparschäler dünn abschälen, die Limetten halbieren und den Saft auspressen. Den Zucker und die Limettenschale in den Mixtopf geben, 1 Minute/Stufe 10 fein mahlen und mithilfe des Spatels nach unten schieben.

Den Rühraufsatz einsetzen. Die Butter, den Frischkäse und den Limettensaft zugeben und 15 Sekunden/Stufe 3.5 aufschlagen. Die Creme auf den fertigen, noch heißen Kuchen streichen. Den Kuchen auskühlen lassen, in Stücke schneiden und servieren.

Honigkuchen

FÜR 1 KASTENFORM (30 CM), ETWA 15 SCHEIBEN

TEIG
3 Eier (Gr. M)
250 g Honig
1 TL gemahlener Zimt
2 Prisen gemahlene Gewürznelken
2 Prisen gemahlene Muskatnuss
½ TL Salz
250 g Weizenmehl Type 405
100 g gemahlene Mandeln
25 g Kakaopulver
1 Päckchen Backpulver
Butter zum Einfetten

ZUBEREITUNG etwa 10 Minuten
BACKZEIT etwa 60 Minuten

VORBEREITEN

Die Kastenform mit der Butter einfetten. Den Backofen auf 180 °C (Ober-/Unterhitze) vorheizen.

TM 5

TEIG

Die Eier, den Honig, den Zimt, die Nelken, die Muskatnuss und das Salz in den Mixtopf geben und 1 Minute/Stufe 4 aufschlagen. Das Mehl, die Mandeln, den Kakao und das Backpulver zugeben und 10 Sekunden/Stufe 3.5 mischen.

Den Teig in die Kastenform füllen und im Backofen etwa 60 Minuten backen.

Den Honigkuchen auf einem Kuchengitter auskühlen lassen, in Stücke schneiden und servieren.

Mohn-Preiselbeer-Kuchen

FÜR 1 BACKBLECH, ETWA 20 STÜCKE

TEIG
50 g Mohn
250 g weiche Butter, in Stücken
150 g Zucker
5 Eier (Gr. M)
325 g Weizenmehl Type 405
1 Päckchen Backpulver
1 Prise Salz
100 g Milch
250 g Wildpreiselbeeren, in Saft
Puderzucker zum Bestäuben
Außerdem: Backpapier

ZUBEREITUNG etwa 10 Minuten
BACKZEIT etwa 20 Minuten

VORBEREITEN
Ein Backblech mit dem Backpapier auslegen. Den Backofen auf 180 °C (Ober-/Unterhitze) vorheizen.

TM 5
TEIG
Den Mohn in den Mixtopf geben, 15 Sekunden/Stufe 10 mahlen und umfüllen. Die Butter, den Zucker und die Eier in den Mixtopf geben und 1 Minute/Stufe 4 verrühren.

Das Mehl, das Backpulver, das Salz, den Mohn und die Milch zugeben und mithilfe des Spatels 20 Sekunden/Stufe 5 mischen. Den Teig auf das Backblech geben und glatt streichen. Die Preiselbeeren in einem Sieb abtropfen lassen, auf dem Teig verteilen und im Backofen etwa 20 Minuten backen.

Den Mohn-Preiselbeer-Kuchen auf einem Kuchengitter auskühlen lassen, mit Puderzucker bestäuben, in Stücke schneiden und servieren.

Johannisbeer-Baiser-Kuchen

FÜR 1 BACKBLECH, ETWA 20 STÜCKE

TEIG
6 Eier (Gr. M)
250 g Butter, weich, in Stücken
180 g Zucker
375 g Weizenmehl Type 405
1 Päckchen Backpulver
1 Prise Salz
100 g Milch
300 g tiefgekühlte Johannisbeeren

BAISER
100 g Zucker, 1 Prise Salz
75 g Mandelblättchen
Außerdem: Backpapier

ZUBEREITUNG etwa 15 Minuten
BACKZEIT etwa 25 Minuten

VORBEREITEN

Ein Backblech mit dem Backpapier auslegen. Den Backofen auf 180 °C (Ober-/Unterhitze) vorheizen.

TM 5

TEIG

4 Eier trennen. Die Butter, Zucker, 2 Eier und 4 Eigelb in den Mixtopf geben. 1 Minute/Stufe 4 verrühren.

Mehl, Backpulver, Salz und Milch zugeben und mit dem Spatel 20 Sekunden/Stufe 5 mischen. Die Johannisbeeren mithilfe des Spatels unterheben. Auf dem Backblech glatt streichen. Den Mixtopf spülen, den Rühraufsatz einsetzen.

BAISER

Eiweiß, Zucker und 1 Prise Salz in den Mixtopf geben. 4 Minuten/Stufe 3.5 aufschlagen. Den Eischnee auf dem Teig in Wellen verstreichen, mit Mandelblättchen bestreuen. Im Backofen 25 Minuten backen. Auf einem Gitter abkühlen lassen.

Johannisbeer-Griess-Kuchen

FÜR 1 BACKBLECH, ETWA 20 STÜCKE

TEIG
6 Eier (Gr. M)
1 unbehandelte Zitrone
1 Prise Salz
50 g Butter, zimmerwarm
200 g Zucker
500 g Naturjoghurt (3,5 % Fett)
200 g Schmand
150 g Weichweizengrieß
1 Päckchen Backpulver
300 g tiefgekühlte Johannisbeeren
Puderzucker zum Bestäuben
Außerdem: Backpapier

ZUBEREITUNG etwa 15 Minuten
BACKZEIT etwa 45 Minuten

Süße Johannisbeeren

VORBEREITEN

Ein Backblech mit dem Backpapier auslegen. Den Backofen auf 180 °C (Ober-/Unterhitze) vorheizen.

TM 5

TEIG

Die Eier trennen, das Eigelb in eine kleine Schüssel geben und beiseitestellen. Die Zitrone heiß waschen, trockentupfen, die Schale fein abreiben, die Zitrone halbieren und den Saft auspressen.

Das Eiweiß mit einer Prise Salz in den Mixtopf geben, den Rühraufsatz einsetzen und 4 Minuten/Stufe 3.5 steif schlagen. Den Rühraufsatz entfernen und den Eischnee umfüllen.

Die Eigelbe, die Butter, den Zucker, den Zitronensaft und -schale, den Joghurt, den Schmand, den Grieß und das Backpulver in den ungespülten Mixtopf geben und mithilfe des Spatels 25 Sekunden/Stufe 5 verrühren.

Die Johannisbeeren und den Eischnee zugeben, mithilfe des Spatels unter den Teig heben, auf dem Backblech glatt streichen und im Backofen etwa 45 Minuten backen.

Den Kuchen auf einem Kuchengitter auskühlen lassen, mit dem Puderzucker bestäuben, in Stücke schneiden und servieren.

Kleine Marmor-Gugelhupfe

FÜR ETWA 12 STÜCK

TEIG
2 Eier (Gr. M)
80 g Pflanzenöl
100 g Joghurt
70 g Zucker
100 g Weizenmehl Type 405
2 TL Backpulver
1 Prise Salz
1 EL Kakaopulver
Puderzucker zum Bestäuben
Butter zum Einfetten
Außerdem: Mini-Gugelhupfförmchen (6–8 cm)

ZUBEREITUNG etwa 10 Minuten
BACKZEIT etwa 15 Minuten

VORBEREITEN
Die Mini-Gugelhupfförmchen auf ein Ofengitter oder Backblech setzen und einfetten. Den Backofen auf 180 °C (Ober-/Unterhitze) vorheizen.

TM 5
TEIG
Die Eier, das Öl, den Joghurt und den Zucker in den Mixtopf geben und 20 Sekunden/Stufe 4 aufschlagen.

Das Mehl, das Backpulver und das Salz zugeben und 4 Sekunden/Stufe 6 mischen. Die Hälfte des Teigs in die Förmchen füllen. Den Kakao zu dem übrigen Teig in den Mixtopf geben und mithilfe des Spatels unterrühren.

Den Kakaoteig ebenfalls auf die Förmchen verteilen. Zum Marmorieren mit einem Holzstab einmal durch den hellen und den dunklen Teig ziehen und im Backofen etwa 15 Minuten backen.

Die Mini-Gugelhupfe auf einem Kuchengitter auskühlen lassen, mit dem Puderzucker bestäuben und servieren.

Heidelbeer-Vanille-Kuchen

FÜR 1 KASTENFORM (30 CM), ETWA 15 SCHEIBEN

TEIG
1 Vanilleschote
200 g Butter, weich, in Stücken
180 g Zucker
3 Eier (Gr. M)
150 g Ricotta
200 g Weizenmehl Type 405
45 g Speisestärke
1 Päckchen Backpulver
1 Prise Salz
200 g tiefgekühlte Heidelbeeren
Butter zum Einfetten
Puderzucker zum Bestäuben

ZUBEREITUNG etwa 10 Minuten
BACKZEIT etwa 45 Minuten

VORBEREITEN
Die Kastenform mit der Butter einfetten. Den Backofen auf 180 °C (Ober-/Unterhitze) vorheizen.

TM 5
TEIG
Die Vanilleschote längs aufschneiden und das Mark herauskratzen. Die Butter, den Zucker, das Vanillemark und die Eier in den Mixtopf geben und 30 Sekunden/Stufe 4 verrühren. Den Ricotta, das Mehl, die Speisestärke, das Backpulver und das Salz zugeben und mithilfe des Spatels 25 Sekunden/Stufe 6 verrühren.

Die gefrorenen Heidelbeeren zufügen, mithilfe des Spatels unterheben, in die vorbereitete Kastenform einfüllen, glatt streichen und im Backofen etwa 45 Minuten backen.

Den Kuchen auf einem Kuchengitter auskühlen lassen, mit Puderzucker bestäuben und servieren.

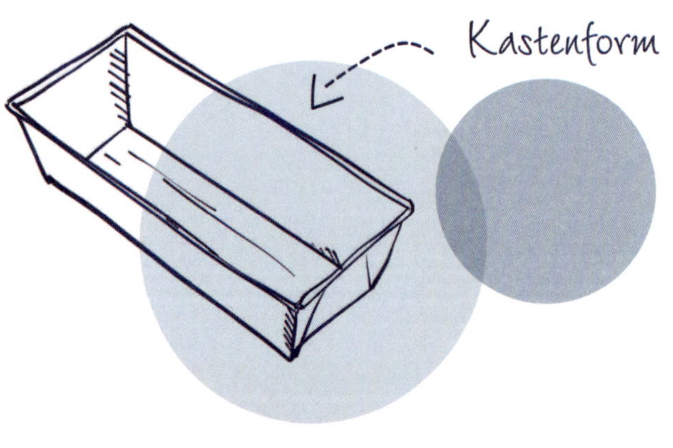

Windbeutel Grundrezept

Für etwa 8 Stück

Brandmasse

150 g Wasser
125 g Butter, in Stücken
2 Prisen Salz
130 g Weizenmehl Type 405
4 Eier (Gr. M, 210 g Vollei)
Außerdem: Spritzbeutel mit großer Sterntülle

Zubereitung etwa 15 Minuten
Ruhezeit 10 Minuten Abkühlen
Backzeit etwa 25 Minuten

Vorbereiten

Den Backofen auf 200 °C (Ober-/Unterhitze) vorheizen.

TM 5

Brandmasse

Für den Brandteig das Wasser, die Butter und das Salz in den Mixtopf geben und 4 Minuten/100 °C/Stufe 1 aufkochen. Das Mehl zugeben, ohne Messbecher 2 Minuten 30 Sekunden/100 °C/Stufe 4 unterrühren und abbrennen. Den Deckel öffnen und 10 Minuten abkühlen lassen.

Den Deckel ohne Messbecher wieder aufsetzen und 2 Minuten/Stufe 5 einstellen. Die Eier durch die Deckelöffnung einzeln in das laufende Messer fallen lassen. Die Teigreste mithilfe des Spatels vom Rand nach unten schieben und 30 Sekunden/Stufe 5 rühren.

Den Teig in einen Spritzbeutel mit großer Sterntülle füllen, auf ein mit kaltem Wasser abgespültes Backblech 8 Windbeutel (etwa 8–10 cm) nebeneinander mit Abstand aufspritzen und im Backofen etwa 20–25 Minuten backen. Die Windbeutel auf dem Blech auskühlen lassen.

Tipp

Die Backofentür während des Backens nicht öffnen. Nur so viele Eier zugeben, bis die Masse eine zähe, klebrige Konsistenz aufweist. Zu viel Ei führt dazu, dass die Masse zu weich wird und im Backofen auseinanderläuft. Zu wenig Ei verhindert, dass die Windbeutel genügend aufgehen. Die Windbeutel am besten mit einer Küchenschere aufschneiden. So behalten sie ihre Form und zerdrücken nicht.

Brandmasse

Aufkochen, rühren, abbrennen, Eier unterschlagen, Konsistenz prüfen? Das ist mir zu heikel. Na, haben Sie das auch schon gedacht, und dann die Windbeutel beim Bäcker gekauft? Mit den folgenden Rezepten und Tipps machen Sie jedem Bäcker Konkurrenz.

Speckkrapfen

FÜR ETWA 25–30 STÜCK

BRANDMASSE

75 g Frühstücksbacon, in Scheiben
150 g Wasser
125 g Butter, in Stücken
2 Prisen Salz
130 g Weizenmehl Type 405
4 Eier (Gr. M, 210 g Vollei)
etwa 1 Liter Pflanzenöl

ZUBEREITUNG etwa 25 Minuten
RUHEZEIT 10 Minuten Abkühlen

VORBEREITEN

Den Frühstücksbacon in das Gefrierfach legen.

TM 5

BRANDMASSE

Für den Brandteig das Wasser, die Butter und das Salz in den Mixtopf geben und 4 Minuten/100 °C/Stufe 1 aufkochen. Das Mehl zugeben und ohne Messbecher 2 Minuten 30 Sekunden/100 °C/Stufe 4 unterrühren und abbrennen.

Den Deckel öffnen und 10 Minuten abkühlen lassen. Den Deckel ohne Messbecher wieder aufsetzen und 2 Minuten/Stufe 5 einstellen. Die Eier durch die Deckelöffnung einzeln in das laufende Messer fallen lassen. Die Teigreste mithilfe des Spatels vom Rand nach unten schieben.

Den angefrorenen Frühstücksbacon klein würfeln, zu der Brandmasse geben und 30 Sekunden/Stufe 5 rühren.

Das Pflanzenöl in einem Topf auf 160–170 °C erhitzen. Sobald an einem hineingehaltenen Holzlöffel kleine Bläschen aufsteigen, ist das Fett heiß genug. Mit einem Teelöffel portionsweise den Teig abstechen und jeweils 3 Krapfen im heißen Fett von allen Seiten goldbraun ausbacken. Die fertigen Krapfen mit der Schaumkelle herausheben, auf Küchenpapier abtropfen lassen und am besten lauwarm servieren.

Käse-Profiteroles

FÜR ETWA 25–30 STÜCK

BRANDMASSE
100 g Bergkäse, in Stücken
150 g Wasser
125 g Butter, in Stücken
2 Prisen Salz
130 g Weizenmehl Type 405
4 Eier (Gr. M, etwa 210 g Vollei)

ZUBEREITUNG etwa 15 Minuten
RUHEZEIT 10 Minuten Abkühlen
BACKZEIT etwa 20 Minuten

Tipp

Verwenden Sie für die Käse-Profiteroles den Käse Ihrer Wahl. Auch gemischte Käsereste eignen sich hervorragend.

VORBEREITEN
Den Backofen auf 200 °C (Ober-/Unterhitze) vorheizen.

TM 5
BRANDMASSE
Für den Brandteig den Bergkäse in den Mixtopf geben, 6 Sekunden/Stufe 5 zerkleinern und umfüllen. Das Wasser, die Butter und das Salz in den Mixtopf geben und 4 Minuten/100 °C/Stufe 1 aufkochen.

Das Mehl zugeben, ohne Messbecher 2 Minuten 30 Sekunden/100 °C/Stufe 4 unterrühren und abbrennen. Den Deckel öffnen. 10 Minuten abkühlen lassen. Den Deckel ohne Messbecher aufsetzen. 2 Minuten/Stufe 5 einstellen. Die Eier durch die Deckelöffnung einzeln in das laufende Messer fallen lassen. Die Teigreste mithilfe des Spatels vom Rand nach unten schieben. Den Käse zur Brandmasse geben. 30 Sekunden/Stufe 5 rühren.

Mit einem feuchten Teelöffel portionsweise die Masse abstechen, nebeneinander mit etwas Abstand auf ein mit kaltem Wasser gespültes Backblech setzen. Im Backofen 15–20 Minuten backen. Auf dem Blech abkühlen lassen.

Erdbeer-Windbeutel

FÜR ETWA 8 STÜCK

BRANDMASSE
1 Grundrezept Windbeutel

FÜLLUNG
250 g Erdbeeren
1 EL Zucker
200 g Sahne, kalt

ZUBEREITUNG etwa 15 Minuten
RUHEZEIT 10 Minuten Abkühlen
BACKZEIT etwa 25 Minuten

VORBEREITEN
Den Backofen auf 200 °C (Ober-/Unterhitze) vorheizen.

TM 5
FÜLLUNG
Die Erdbeeren waschen, putzen und vierteln. Den Zucker in den Mixtopf geben und 8 Sekunden/Stufe 10 pulverisieren. Den Rühraufsatz einsetzen, die Sahne in den Mixtopf geben und unter Aufsicht auf Stufe 3 steif schlagen.

Die Windbeutel mit der Sahne und den Erdbeeren füllen und servieren.

Törtchen mit Avocadocreme

FÜR ETWA 12 STÜCK

BRANDMASSE
150 g Wasser
125 g Butter, in Stücken
2 Prisen Salz
130 g Weizenmehl Type 405
4 Eier (Gr. M, 210 g Vollei)

FÜLLUNG
30 g Zucker
1 Avocado
1 Limette
200 g Magerquark
Puderzucker zum Bestäuben
Außerdem: Spritzbeutel mit großer Lochtülle

ZUBEREITUNG etwa 25 Minuten
RUHEZEIT 10 Minuten Abkühlen
BACKZEIT etwa 20 Minuten

VORBEREITEN
Den Backofen auf 200 °C (Ober-/Unterhitze) vorheizen.

TM 5
BRANDMASSE
Das Wasser, die Butter und das Salz in den Mixtopf geben und 4 Minuten/100 °C/Stufe 1 aufkochen. Das Mehl zugeben, ohne Messbecher 2 Minute 30 Sekunden/100 °C/Stufe 4 unterrühren und abbrennen.

Den Deckel öffnen, etwa 10 Minuten abkühlen lassen, ohne Messbecher wieder aufsetzen und 2 Minuten/Stufe 5 einstellen. Die Eier durch die Deckelöffnung einzeln in das laufende Messer fallen lassen. Die Teigreste mithilfe des Spatels vom Rand nach unten schieben und 30 Sekunden/Stufe 5 rühren. Den Teig in einen Spritzbeutel mit großer Lochtülle füllen, auf einem mit kaltem Wasser abgespülten Backblech 12 flache, kreisrunde Windbeutel (etwa 8 cm) aufspritzen und im Backofen etwa 20 Minuten backen. Den Mixtopf spülen. Die Windbeutel auf dem Blech auskühlen lassen.

FÜLLUNG
Den Zucker in den Mixtopf geben. 10 Sekunden/Stufe 10 pulverisieren. Die Avocado halbieren, entkernen und das Fruchtfleisch mit einem Esslöffel aus der Schale heben. Die Limette halbieren und den Saft auspressen. Avocado, Limettensaft und Magerquark in den Mixtopf geben, 10 Sekunden/Stufe 5 pürieren, mit dem Spatel nach unten schieben, weitere 10 Sekunden/Stufe 5 pürieren. Die Creme in einen Spritzbeutel mit großer Sterntülle füllen. Die Windbeutel mit einer Schere aufschneiden, mit der Creme füllen. Mit Puderzucker bestäuben.

Himbeer-Flockentorte

FÜR EINE 26ER SPRINGFORM, ETWA 12 STÜCKE

BRANDMASSE
150 g Wasser
125 g Butter, in Stücken
2 Prisen Salz
130 g Weizenmehl Type 405
4 Eier (Gr. M, etwa 210 g Vollei)

FÜLLUNG
500 g Sahne, kalt
250 g Magerquark
25 g Zucker
150 g Himbeermarmelade
250 g frische Himbeeren
Puderzucker zum Bestäuben
Außerdem: Backpapier,
26er Springformboden

ZUBEREITUNG etwa 30 Minuten
BACKZEIT etwa 25 Minuten (je Boden)

VORBEREITEN

Zwei Bögen Backpapier auslegen. Mithilfe des Springformbodens 3 Kreise aufzeichnen. Das Backpapier auf zwei Backbleche legen. Den Backofen auf 200 °C (Ober-/Unterhitze) vorheizen.

TM 5

BRANDMASSE

Das Wasser, die Butter und das Salz in den Mixtopf geben und 4 Minuten/100 °C/Stufe 1 aufkochen. Das Mehl zugeben, ohne Messbecher 2 Minute 30 Sekunden/100 °C/Stufe 4 unterrühren und abbrennen. Den Deckel öffnen, etwa 10 Minuten abkühlen lassen, ohne Messbecher wieder aufsetzen und 2 Minuten/Stufe 5 einstellen. Die Eier durch die Deckelöffnung einzeln in das laufende Messer fallen lassen. Die Teigreste mithilfe des Spatels vom Rand nach unten schieben und 30 Sekunden/Stufe 5 rühren.

Den Teig zu jeweils einem Drittel auf die vorbereiteten Backpapierbögen verteilen und glatt streichen. Zwei Böden im Backofen nacheinander etwa 20 Minuten backen und auf Kuchengittern auskühlen lassen. Den dritten Boden etwa 25 Minuten backen und ebenfalls auskühlen lassen. Den Mixtopf spülen.

FÜLLUNG

Den Rühraufsatz einsetzen, die Sahne in den Mixtopf geben und unter Aufsicht auf Stufe 3 steif schlagen. Den Rühraufsatz entfernen und die Sahne umfüllen. Den Quark und den Zucker in den Mixtopf geben und 5 Sekunden/Stufe 5 mischen. Die Sahne zugeben und 10 Sekunden/Stufe 3 untermischen.

Den ersten Brandteigboden auf eine Tortenplatte setzen. Mit der Hälfte der Himbeermarmelade bestreichen. Ein Drittel der Quarkcreme darauf verteilen, den zweiten Boden auflegen. Mit der übrigen Marmelade bestreichen. Die Hälfte der übrigen Creme auf der Marmelade verstreichen. Die restliche Creme daraufgeben, glatt streichen und die Himbeeren in die Creme setzen. Den dritten, länger gebackenen Boden zerbröseln und über die Himbeeren streuen. Mit Puderzucker bestäuben.

Apfel-Brandteig-Bällchen

FÜR ETWA 35 STÜCK

BRANDMASSE
150 g Wasser
125 g Butter, in Stücken
2 Prisen Salz
130 g Weizenmehl Type 405
1 mittlerer Apfel
4 Eier (Gr. M, 210 g Vollei)
etwa 1 Liter Pflanzenöl
Puderzucker zum Bestäuben

ZUBEREITUNG etwa 30 Minuten
RUHEZEIT 10 Minuten Abkühlen

TM 5
BRANDMASSE
Das Wasser, die Butter und das Salz in den Mixtopf geben und 4 Minuten/100 °C/Stufe 1 aufkochen. Das Mehl zugeben, ohne Messbecher 2 Minuten 30 Sekunden/100 °C/Stufe 4 unterrühren und abbrennen. Den Deckel öffnen und etwa 10 Minuten abkühlen lassen. Den Apfel waschen, schälen, entkernen und in kleine Stücke schneiden.

Den Deckel ohne Messbecher aufsetzen und 2 Minuten/Stufe 5 einstellen. Die Eier durch die Deckelöffnung einzeln in das laufende Messer fallen lassen. Die Teigreste mithilfe des Spatels vom Rand nach unten schieben und 30 Sekunden/Stufe 5 rühren. Die Apfelstücke zugeben und mithilfe des Spatels unterheben.

Das Öl in einem Topf auf etwa 160–170 °C erhitzen. Die Brandteigmasse mit einem Teelöffel abstechen, in das heiße Fett geben und von allen Seiten etwa 1 Minute goldbraun und knusprig ausbacken.

Die Bällchen mit einer Schaumkelle herausheben, auf Küchenpapier abtropfen lassen, mit Puderzucker bestäuben und servieren.

Churros

FÜR ETWA 35 STÜCK

BRANDMASSE
150 g Wasser
125 g Butter, in Stücken
2 Prisen Salz
130 g Weizenmehl Type 405
4 Eier (Gr. M, 210 g Vollei)
etwa 1 Liter Pflanzenöl
Puderzucker zum Bestäuben
Außerdem: Spritzbeutel
mit großer Sterntülle

ZUBEREITUNG etwa 20 Minuten
RUHEZEIT 10 Minuten Abkühlen

TM 5

BRANDMASSE

Das Wasser, die Butter und das Salz in den Mixtopf geben und 4 Minuten/100 °C/Stufe 1 aufkochen. Das Mehl zugeben, ohne Messbecher 2 Minute 30 Sekunden/100 °C/Stufe 4 unterrühren und abbrennen. Den Deckel öffnen und 10 Minuten abkühlen lassen.

Den Deckel ohne Messbecher aufsetzen und 2 Minuten/Stufe 5 einstellen. Die Eier durch die Deckelöffnung einzeln in das laufende Messer fallen lassen. Die Teigreste mithilfe des Spatels vom Rand nach unten schieben und 30 Sekunden/Stufe 5 rühren. Die Masse in einen Spritzbeutel mit großer Sterntülle füllen.

Das Öl in einem Topf auf etwa 160–170 °C erhitzen. Den Brandteig in etwa 10 cm langen Stangen in das heiße Fett geben und mithilfe eines kleinen Messers von der Tülle abschneiden.

Die Churros von beiden Seiten einige Sekunden goldbraun und knusprig ausbacken, mit einer Schaumkelle herausheben und auf Küchenpapier abtropfen lassen. Mit Puderzucker bestäuben und servieren.

Tipp

Dazu passt eine Schokosauce: 200 g Zartbitterschokolade, in Stücken, in den Mixtopf geben und 8 Sekunden/Stufe 8 zerkleinern. 100 g Sahne zugeben, 3 Minuten/60 °C/Stufe 2 erwärmen und schmelzen.

Windbeuteltorte mit Pfirsichen

FÜR EINE 26ER SPRINGFORM, ETWA 12 STÜCKE

MÜRBETEIG
150 g Weizenmehl Type 405
40 g Zucker
1 Prise Salz
100 g Butter, kalt, in Stücken

BRANDMASSE
150 g Wasser
125 g Butter, in Stücken
2 Prisen Salz
130 g Weizenmehl Type 405
4 Eier (Gr. M, etwa 210 g Vollei)

VORBEREITEN
Den Springformboden mit Backpapier bespannen. Den Backofen auf 180 °C (Ober-/Unterhitze) vorheizen.

TM 5
MÜRBETEIG
Das Mehl, den Zucker, das Salz und die Butter in den Mixtopf geben, 20 Sekunden/Stufe 4 mischen, kurz zusammenkneten, auf Größe der Springform ausrollen, hineinlegen und 30 Minuten kalt stellen.

BRANDMASSE
Das Wasser, die Butter und das Salz in den Mixtopf geben und 4 Minuten/100 °C/Stufe 1 aufkochen. Das Mehl zugeben, ohne Messbecher 2 Minuten 30 Sekunden/100 °C/Stufe 4 unterrühren und abbrennen.

Den Deckel öffnen, 10 Minuten abkühlen lassen, ohne Messbecher wieder aufsetzen und 2 Minuten/Stufe 5 einstellen. Die Eier durch die Deckelöffnung einzeln in das laufende Messer fallen lassen. Die Teigreste mithilfe des Spatels vom Rand nach unten schieben und 30 Sekunden/Stufe 5 rühren.

Den Teig in einen Spritzbeutel mit großer Lochtülle füllen, auf ein mit kaltem Wasser abgespültes Backblech etwa 35 kleine Windbeutel (etwa 2 cm) aufspritzen und zusammen mit dem Mürbeteig im Backofen etwa 15–18 Minuten backen.

Den Mixtopf spülen. Sofort nach dem Backen die Windbeutel auf dem Blech auskühlen lassen. Den Mürbeteigboden auf eine Tortenplatte legen.

Mmmh, lecker!

FÜLLUNG
400 g Sahne
250 g Schmand
1 Beutel Sahnesteif
1 EL Zucker
1 Dose Pfirsiche, halbe Frucht
(240 g Abtropfgewicht)
1 Päckchen Tortenguss
Außerdem: Backpapier, Spritzbeutel mit großer Lochtülle und mit Fülltülle

ZUBEREITUNG etwa 45 Minuten
RUHEZEIT 10 Minuten Abkühlen
BACKZEIT etwa 18 Minuten

FÜLLUNG
Den Rühraufsatz einsetzen, die Sahne mit Sahnesteif und Zucker in den Mixtopf geben und unter Aufsicht auf Stufe 3 steif schlagen. Den Schmand zugeben, 3 Sekunden/Stufe 3.5 unterrühren und in einen Spritzbeutel mit Fülltülle geben.

Die Windbeutel mit einem Teil der Creme füllen, auf den Kuchenboden setzen und die übrige Creme zwischen die Windbeutel spritzen. Die Pfirsiche abtropfen lassen, dabei den Saft auffangen, die Pfirsiche würfeln und auf dem Kuchen verteilen.

250 g Pfirsichsaft mit dem Tortenguss in einem Topf verrühren, unter Rühren aufkochen, etwas abkühlen lassen und über den Pfirsichwürfeln verteilen.

Die Torte etwa 30 Minuten kalt stellen, in Stücke schneiden und servieren.

Hier geht's weiter!

Eiweissmasse

Träume sind Schäume! Der Thermomix schlägt Eiweiß mit Zucker perfekt auf, Form und Aromen bleiben Ihnen überlassen. Rezepte? Gleich umblättern!

Passionsfrucht-Pavlovas

FÜR ETWA 6 STÜCK

BAISER
4 Eiweiß, kalt (Gr. M)
1 Prise Salz
220 g Zucker
2 TL Apfelessig
1 TL Speisestärke

FÜLLUNG UND SAUCE
200 g Crème fraîche
5 Passionsfrüchte oder Maracujas
50 g Orangensaft
2 EL selbst gemachter Vanillezucker
Außerdem: Backpapier

ZUBEREITUNG etwa 25 Minuten
RUHEZEIT 30 Minuten Abkühlen
BACKZEIT etwa 60 Minuten

VORBEREITEN
Ein Backblech mit dem Backpapier auslegen. Den Backofen auf 200 °C (Ober-/Unterhitze) vorheizen.

TM 5
BAISER
Den Rühraufsatz einsetzen. Das Eiweiß, das Salz und den Zucker in den Mixtopf geben und 3 Minuten/Stufe 3.5 steif schlagen. Den Essig und die Speisestärke zugeben und 10 Sekunden/Stufe 3 unterrühren. Die Eiweißmasse in 6 Portionen auf das Backpapier verteilen, mit einem Esslöffel eine Vertiefung für die spätere Füllung in die Mitte drücken und die Backofentemperatur auf 120 °C (Ober-/Unterhitze) reduzieren.

Die Eiweißmasse im Backofen etwa 1 Stunde backen. Sollten sie braun werden, den Backofen auf 100 °C zurückschalten. Den Ofen ausschalten und die Pavlovas darin abkühlen lassen. Mixtopf und Rühraufsatz spülen.

FÜLLUNG UND SAUCE
Den Rühraufsatz einsetzen. Die Crème fraîche in den Mixtopf geben und 15 Sekunden/Stufe 3.5 aufschlagen. Den Rühraufsatz entfernen und die Crème fraîche umfüllen. Den Mixtopf spülen. Die Passionsfrüchte halbieren, das Fruchtmark auskratzen und in den Mixtopf geben. Den Orangensaft und den Vanillezucker zufügen und 10 Minuten/Varoma/Stufe 2 kochen. Die Sauce umfüllen und abkühlen lassen.

Die Pavlovas mit einer Palette vom Backpapier lösen und auf Teller setzen. Die Crème fraîche auf die Mulden verteilen, mit der Sauce überziehen, sofort servieren.

Schokobaiser

FÜR ETWA 20 STÜCK

BAISER
3 Eiweiß, kalt (Gr. M)
1 Prise Salz
120 g Zucker
1 TL Speisestärke
1 Spritzer Zitronensaft
15 g Kakao
Außerdem: Backpapier, Spritzbeutel mit großer Lochtülle

ZUBEREITUNG etwa 10 Minuten
BACKZEIT etwa 3–4 Stunden

VORBEREITEN

Ein Backblech mit dem Backpapier auslegen. Den Backofen auf 80 °C (Umluft) vorheizen.

TM 5

BAISER

Den Rühreinsatz in den Mixtopf einsetzen. Das Eiweiß, das Salz, den Zucker, die Speisestärke und den Zitronensaft zugeben und 4 Minuten 30 Sekunden/Stufe 4 steif schlagen. Den Kakao zugeben und 4 Sekunden/ Stufe 3 unterrühren.

Die Baisermasse in einen Spritzbeutel mit großer Lochtülle füllen, etwa 20 Tupfen auf das Backpapier spritzen und im Backofen etwa 3–4 Stunden trocknen lassen. Einen Holzspieß zwischen die Backofentür stecken, damit sie zum Trocknen des Baisers einen Spaltbreit offen bleibt.

Die Baisers nach dem Trocknen auf dem Backblech gut auskühlen lassen, in einer Gebäckdose aufbewahren und servieren.

Tipp

Der Mixtopf und der Rührbesen müssen zum Schlagen von Eischnee fettfrei sein. Wird der Zucker zu Anfang des Schlagens zu dem Eiweiß gegeben, wird die Masse zwar nicht so voluminös, aber wesentlich standfester und kompakter. Je nach Luftfeuchtigkeit werden die Baisers auch wieder weicher.

Do what makes
you
happy
Do what makes
you
happy

Macarons au citron

FÜR ETWA 35 STÜCK

1 unbehandelte Zitrone
270 g feiner Zucker
75 g Butter, weich, in Stücken
220 g feiner Zucker
125 g geschälte Mandelkerne
100 g Eiweiß, kalt (von etwa 4 Eiern)
1 Prise Salz
1 Msp. gelbes Lebensmittelfarbpulver
Außerdem: Backpapier, Spritzbeutel mit großer Lochtülle

ZUBEREITUNG etwa 20 Minuten
RUHEZEIT 30 Minuten Abkühlen
BACKZEIT etwa 20 Minuten

Tipp

Die Macarons lassen sich 1–2 Tage in einer Gebäckdose aufbewahren. Ungefüllt können die Macarons eingefroren werden. Vor dem Servieren dann 30 Minuten auftauen lassen und nach Belieben füllen.

VORBEREITEN

Ein Backblech mit dem Backpapier auslegen. Den Backofen auf 160 °C (Ober-/Unterhitze) vorheizen.

TM 5

Die Zitrone heiß abwaschen, trockentupfen und die Schale abreiben. Die Zitronenschale und 50 g Zucker in den Mixtopf geben und 10 Sekunden/Stufe 10 pulverisieren. Die Butter und 1 EL Zitronensaft zugeben, 10 Sekunden/Stufe 5 aufschlagen, umfüllen und abgedeckt beiseitestellen. Den Mixtopf gut spülen und abtrocknen.

100 g Zucker in den Mixtopf geben, 10 Sekunden/Stufe 10 pulverisieren und umfüllen. Die Mandeln in den Mixtopf geben, 10 Sekunden/Stufe 10 fein mahlen, zu dem Puderzucker geben und vermischen. Den Mixtopf gründlich spülen und abtrocknen.

Den Rühraufsatz einsetzen. Das Eiweiß, das Salz und den übrigen Zucker in den Mixtopf geben und 4 Minuten/Stufe 4 steif schlagen. Die Puderzucker-Mandel-Mischung und die Lebensmittelfarbe zugeben und 3 Sekunden/Stufe 4 unterheben. Gegebenenfalls die Masse mithilfe des Spatels verrühren.

Die Masse in einen Spritzbeutel mit großer Lochtülle füllen, auf das Backpapier Tupfen im Abstand von 2 cm spritzen und etwa 15 –20 Minuten antrocknen lassen. Die Macarons im Backofen etwa 15 Minuten backen. Sollten sie zu braun werden, die Hitze auf 140 °C reduzieren. Die Macarons auskühlen lassen und vom Blech lösen.

Zum Füllen jeweils etwas Zitronencreme auf der Unterseite einer Macaron-Schale verteilen, eine weitere Schale aufsetzen und etwa 1 Stunde kalt stellen.

Brot & Brötchen

Brot-Kult(ur) ist kein Trend, sondern echtes Kulturgut. Genießen Sie Ihre eigenen Brotspezialitäten – frisch und lauwarm.

Baguette

FÜR 2 STÜCK

HEFETEIG
280 g Wasser
1 Prise Zucker
15 g frische Hefe
250 g Weizenmehl Type 405
200 g Weizenmehl Type 1050
1 ½ TL Salz
Mehl zum Bearbeiten
Außerdem: Backpapier

ZUBEREITUNG etwa 10 Minuten
RUHEZEIT 1 Stunde 15 Minuten
BACKZEIT etwa 20 Minuten

VORBEREITEN
Ein Backblech mit dem Backpapier auslegen. Den Backofen auf 220 °C (Ober-/Unterhitze) vorheizen.

TM 5
HEFETEIG
Das Wasser, den Zucker und die zerbröckelte Hefe in den Mixtopf geben und 2 Minuten/37 °C/Stufe 2 erwärmen. Beide Mehlsorten und das Salz zugeben und 1 Minute/Knetstufe zu einem glatten Teig verkneten. Den Teig auf einer leicht bemehlten Arbeitsfläche kurz verkneten. In eine Schüssel umfüllen und abgedeckt an einem warmen Ort etwa 30 Minuten gehen lassen.

Den Teig mit einer Teigkarte halbieren. Die beiden Teigstücke auf das Backblech legen, mit den Händen vorsichtig länglich formen, dabei die entstandene Luft nicht aus dem Teig drücken und den Teig weitere 45 Minuten gehen lassen.

Die Baguettes im Backofen etwa 15–20 Minuten backen, auf Kuchengittern auskühlen lassen und servieren.

Röstzwiebel-Dinkel-Baguette

FÜR 2 STÜCK

HEFETEIG
200 g Wasser
1 Prise Zucker
20 g frische Hefe
440 g Dinkelmehl Type 630
30 g Olivenöl
1 TL Salz
25 g Röstzwiebeln
Mehl zum Bearbeiten
Außerdem: Backpapier

ZUBEREITUNG etwa 10 Minuten
RUHEZEIT 1 Stunde 15 Minuten
BACKZEIT etwa 20 Minuten

VORBEREITEN
Ein Backblech mit dem Backpapier auslegen. Den Backofen auf 220 °C (Ober-/Unterhitze) vorheizen.

TM 5
HEFETEIG
Das Wasser, den Zucker und die zerbröckelte Hefe in den Mixtopf geben und 2 Minuten/37 °C/Stufe 2 erwärmen. Das Mehl, das Öl, das Salz und die Röstzwiebeln zugeben und 2 Minuten/Knetstufe zu einem glatten Teig verkneten. Den Teig auf einer leicht bemehlten Arbeitsfläche kurz verkneten und abgedeckt an einem warmen Ort etwa 30 Minuten gehen lassen.

Den Teig mit einer Teigkarte halbieren. Die beiden Teigstücke auf das Backblech legen, mit den Händen vorsichtig länglich formen, dabei die entstandene Luft nicht aus dem Teig drücken und den Teig weitere 45 Minuten gehen lassen.

Die Baguettes im Backofen etwa 15–20 Minuten backen, auf Kuchengittern auskühlen lassen und servieren.

Laugenparty-brötchen

FÜR ETWA 20 STÜCK

HEFETEIG
125 g Milch
10 g Zucker
15 g frische Hefe
25 g Joghurt
15 g Pflanzenöl
275 g Weizenmehl Type 405
1 Ei (Gr. M)
½ TL Salz
30 g flüssige Butter
25 g Natron
Mehl zum Bearbeiten
Außerdem: Backpapier

ZUBEREITUNG etwa 15 Minuten
RUHEZEIT 50 Minuten
BACKZEIT etwa 25 Minuten

VORBEREITEN
Ein Backblech mit dem Backpapier auslegen. Den Backofen auf 180 °C (Ober-/Unterhitze) vorheizen.

TM 5
HEFETEIG
Die Milch, den Zucker und die zerbröckelte Hefe in den Mixtopf geben und 2 Minuten/37 °C/Stufe 2 erwärmen. Den Joghurt, das Öl, das Mehl, das Ei und das Salz zugeben und 2 Minuten/Knetstufe verkneten. Den Teig auf einer leicht bemehlten Arbeitsfläche zu einer Kugel formen und an einem warmen Ort abgedeckt 20 Minuten gehen lassen.

Den Teig zu einem 30 x 40 cm großen Rechteck ausrollen und in 5 Streifen (8 x 30 cm) teilen. 4 Teigstreifen dünn mit Butter bestreichen, übereinanderlegen und den unbestrichenen Teigstreifen als letzte Schicht auflegen. Mit einem Rollholz 1–2-mal über den Teig rollen, das Teigstück in 7 Streifen schneiden, diese nochmal halbieren, auf das Backblech legen und weitere 30 Minuten gehen lassen.

Einen Liter Wasser in einem schmalen, hohen Topf zum Kochen bringen, vom Herd nehmen und das Natron zugeben. Die aufgegangenen Teiglinge nacheinander einige Sekunden von beiden Seiten in die Flüssigkeit legen, mit der Schaumkelle herausheben, abtropfen lassen und auf das Backblech legen.

Die Laugenpartybrötchen im Backofen etwa 20–25 Minuten backen und warm oder kalt servieren.

Vollkorn-Laugenzöpfe

FÜR ETWA 12 STÜCK

HEFETEIG
100 g Milch
50 g Wasser
15 g frische Hefe
1 TL Zucker
15 g Pflanzenöl
250 g Weizenvollkornmehl
1 Ei (Gr. M)
1 TL Salz
Mehl zum Bearbeiten

ZUBEREITUNG etwa 15 Minuten
RUHEZEIT 60 Minuten
BACKZEIT etwa 18 Minuten

VORBEREITEN
Den Backofen auf 180 °C (Ober-/Unterhitze) vorheizen.

TM 5
HEFETEIG
Die Milch, das Wasser, die zerbröckelte Hefe und den Zucker in den Mixtopf geben und 2 Minuten/37 °C/Stufe 2 erwärmen. Das Öl, das Mehl, das Ei und das Salz zugeben und 2 Minuten/Teigstufe kneten. Den Teig an einem warmen Ort abgedeckt etwa 30 Minuten gehen lassen.

Den Teig auf einer leicht bemehlten Arbeitsfläche zu einer Rolle formen, in 12 Stücke teilen, jedes Teigstück halbieren und zu einer etwa 10 cm langen, spitz zulaufenden Rolle formen.

Je zwei Teigstränge miteinander verdrehen, die Enden zusammendrücken, auf das Backblech legen und weitere 30 Minuten gehen lassen.

Die Laugenzöpfe im Backofen etwa 15–18 Minuten backen und warm oder kalt servieren.

Tolle Partyidee!

Süsskartoffelbrot

FÜR 1 BROT (ETWA 800 G), ETWA 15 SCHEIBEN

HEFETEIG
300 g Süßkartoffeln, geschält, in Stücken
100 g Wasser
20 g frische Hefe
10 g Zucker
500 g Weizenmehl Type 550
1 TL Salz
2 EL Olivenöl
Olivenöl zum Einfetten
Mehl zum Bearbeiten

ZUBEREITUNG etwa 15 Minuten
RUHEZEIT 60 Minuten
BACKZEIT etwa 40 Minuten

VORBEREITEN
Einen runden Bräter (etwa 24 cm Durchmesser) mit dem Öl einfetten. Den Backofen auf 250 °C (Ober-/Unterhitze) vorheizen.

TM 5
HEFETEIG
Die Süßkartoffelstücke und das Wasser in den Mixtopf geben, 5 Sekunden/Stufe 6 zerkleinern, mithilfe des Spatels nach unten schieben, 5 Sekunden/Stufe 6 zerkleinern und wiederum mit dem Spatel nach unten schieben. Die zerbröckelte Hefe und den Zucker zugeben, 3 Minuten/37 °C/Stufe 2 mischen und erwärmen.

Das Mehl, das Salz und das Öl zugeben, 4 Minuten/Knetstufe verkneten und auf einer leicht bemehlten Arbeitsfläche zu einem runden Laib formen. Den Laib in den Bräter legen und abgedeckt an einem warmen Ort etwa 1 Stunde gehen lassen.

Eine Schale mit heißem Wasser auf den Backofenboden stellen. Das Brot im Backofen auf der 2. Schiene von unten etwa 10 Minuten backen. Die Ofentemperatur auf 220 °C zurückschalten und weitere 30 Minuten fertig backen.

Das Brot auf einem Kuchengitter auskühlen lassen, in Scheiben schneiden und servieren.

Das Brot lässt sich auch in kleineren oder größeren sowie ovalen Brätern zubereiten.

Kartoffelbrot

FÜR 1 BROT (KASTENFORM 30 CM), ETWA 15 SCHEIBEN

HEFETEIG
150 g Wasser
2 TL Zucker
20 g frische Hefe
200 g Joghurt
75 g Kartoffelpüreeflocken (am besten Bio-Qualität)
250 g Dinkelmehl Type 630
1 ½ TL Salz
Butter zum Einfetten
2–3 EL Vollkornflocken zum Ausstreuen

ZUBEREITUNG etwa 10 Minuten
RUHEZEIT 60 Minuten
BACKZEIT etwa 45 Minuten

VORBEREITEN

Die Kastenform mit der Butter einfetten und mit den Flocken ausstreuen. Den Backofen auf 250 °C (Ober-/Unterhitze) vorheizen.

TM 5

HEFETEIG

Das Wasser, den Zucker und die zerbröckelte Hefe in den Mixtopf geben und 2 Minuten/37 °C/Stufe 2 erwärmen. Den Joghurt, die Kartoffelpüreeflocken, das Mehl und das Salz in den Mixtopf geben und 2 Minuten/Knetstufe kneten.

Den Teig mithilfe des Spatels in die Kastenform füllen, glatt streichen und abgedeckt an einem warmen Ort gehen lassen, bis der Teig die gesamte Form gut ausfüllt.

Das Brot im Backofen etwa 20 Minuten backen. Die Temperatur auf 200 °C zurückschalten und weitere 25 Minuten backen.

Das Kartoffelbrot auf einem Kuchengitter auskühlen lassen, in Scheiben schneiden und servieren.

Nussbrot

FÜR 1 KASTENFORM (30 CM), ETWA 15 SCHEIBEN

HEFETEIG
300 g Wasser
10 g frische Hefe
1 TL flüssiger Honig
200 g Weizenmehl Type 1050
200 g Weizenvollkornmehl
1 TL Salz
200 g Nussmischung (etwa Pekan, Walnuss, Haselnuss, Macadamia, Paranuss)
Butter zum Einfetten
Mehl zum Bestäuben

ZUBEREITUNG etwa 10 Minuten
RUHEZEIT 60 Minuten
BACKZEIT etwa 45 Minuten

VORBEREITEN

Die Kastenform mit der Butter einfetten. Den Backofen auf 220 °C (Ober-/Unterhitze) vorheizen.

TM 5

HEFETEIG

Das Wasser, die zerbröckelte Hefe und den Honig in den Mixtopf geben und 2 Minuten/37 °C/Stufe 2 erwärmen. Beide Mehlsorten und das Salz zugeben und 1 Minute/Knetstufe verkneten.

Die Nüsse zufügen, 1 Minute/Knetstufe verkneten und den Teig in die Kastenform umfüllen. Die Teigoberfläche mit Mehl bestäuben und abgedeckt an einem warmen Ort gehen lassen, bis der Teig die gesamte Form ausfüllt.

Das Brot im Backofen etwa 45 Minuten backen. Das Nussbrot auf einem Kuchengitter auskühlen lassen, in Scheiben schneiden und servieren.

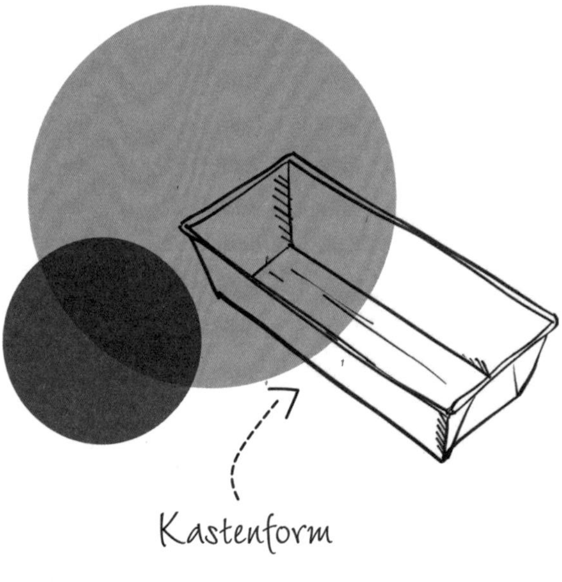

Walnussfladen

FÜR 1 FLADENBROT, ETWA 8 STÜCKE

HEFETEIG
8 Zweige Thymian
230 g Wasser
1 Würfel frische Hefe (= 42 g)
10 g flüssiger Honig
300 g Weizenmehl Type 550
150 g Roggenmehl Type 997
40 g Olivenöl
1 ½ TL Salz
150 g Walnusskerne
Olivenöl zum Einfetten und zum Formen
Mehl zum Bestäuben

ZUBEREITUNG etwa 10 Minuten
RUHEZEIT 60 Minuten
BACKZEIT etwa 25 Minuten

VORBEREITEN

Ein Backblech mit dem Öl einfetten. Den Backofen auf 200 °C (Ober-/Unterhitze) vorheizen.

TM 5

HEFETEIG

Den Thymian waschen, trockentupfen und die Blätter abzupfen. Das Wasser, die zerbröckelte Hefe und den Honig in den Mixtopf geben und 2 Minuten/37 °C/Stufe 2 erwärmen. Beide Mehlsorten, das Öl, das Salz, die Walnusskerne und den Thymian in den Mixtopf geben und 3 Minuten/Knetstufe verkneten.

Den Teig auf das Backblech geben und mit geölten Händen zu einem etwa 2–3 cm dicken Fladen formen. Den Fladen dünn mit dem Mehl bestäuben und abgedeckt an einem warmen Ort etwa 1 Stunde gehen lassen.

Das Fladenbrot im Backofen etwa 20–25 Minuten backen, auf einem Kuchengitter auskühlen lassen und servieren.

Oliven-Tomaten-Brot

FÜR 1 LAIB, ETWA 15 SCHEIBEN

HEFETEIG
50 g getrocknete Tomaten, in Öl + 20 g Tomatenöl
80 g Oliven, entsteint
220 g Wasser
½ Würfel frische Hefe
1 gestrichener TL Zucker
400 g Weizenmehl Type 1050
1 TL Salz
Mehl zum Bearbeiten
Außerdem: Backpapier

ZUBEREITUNG etwa 10 Minuten
RUHEZEIT 60 Minuten
BACKZEIT etwa 40 Minuten

VORBEREITEN
Ein Backblech mit dem Backpapier auslegen. Den Backofen auf 200 °C (Ober-/Unterhitze) vorheizen.

TM 5
HEFETEIG
Die Tomaten in den Mixtopf geben und 5 Sekunden/Stufe 5 zerkleinern. Die Oliven zugeben und 5 Sekunden/Stufe 5 zerkleinern. Mit dem Spatel nach unten schieben.

Das Wasser, die zerbröckelte Hefe und den Zucker zugeben und 2 Minuten/37 °C/Stufe 2 erwärmen. Das Mehl, das Salz und das Tomatenöl zufügen und 1 Minute/Knetstufe verkneten.

Den Teig auf einer bemehlten Arbeitsfläche zu einem länglichen Laib formen, auf das Backblech legen und an einem warmen Ort abgedeckt 1 Stunde gehen lassen.

Das Brot im Backofen etwa 30–40 Minuten backen. Nach dem Backen das Brot auf einem Kuchengitter auskühlen lassen, in Scheiben schneiden und servieren.

Parmesan-Zupfbrot

FÜR 1 KASTENFORM (30 CM), ETWA 20 STÜCK

HEFETEIG
150 g Parmesan, in Stücken
40 g Olivenöl + 2 EL zum Bestreichen
140 g Milch
1 TL Zucker
20 g frische Hefe
320 g Weizenmehl Type 405
1 TL Salz
2 Eier (Gr. M)
2 TL getrockneter Thymian
Butter zum Einfetten
Mehl zum Bearbeiten

ZUBEREITUNG etwa 15 Minuten
RUHEZEIT 50 Minuten
BACKZEIT etwa 40 Minuten

VORBEREITEN

Die Kastenform mit der Butter einfetten. Den Backofen auf 180 °C (Ober-/Unterhitze) vorheizen.

TM 5

HEFETEIG

Den Parmesan in den Mixtopf geben, 15 Sekunden/Stufe 10 zerkleinern und umfüllen. Für den Hefeteig 40 g Öl, die Milch, den Zucker und die zerbröckelte Hefe in den Mixtopf geben und 2 Minuten/37 °C/Stufe 2 erwärmen. Das Mehl, das Salz und 1 Ei in den Mixtopf geben, 3 Minuten/Knetstufe zu einem glatten Teig verarbeiten und abgedeckt an einem warmen Ort etwa 30 Minuten gehen lassen.

Den Teig auf einer leicht bemehlten Arbeitsfläche zu einem etwa 49 x 49 cm großen Rechteck ausrollen, mit dem restlichen Öl bestreichen und den Parmesan und den Thymian darauf streuen. Den Teig in etwa 7 x 7 cm große Quadrate schneiden, diese aufrecht in die vorbereitete Form stellen und weitere etwa 20 Minuten gehen lassen.

Das übrige Ei mit einer Gabel verquirlen, das Zupfbrot damit bestreichen und im Backofen etwa 40 Minuten backen. Das Zupfbrot etwa 10 Minuten in der Form abkühlen lassen, anschließend herausnehmen, ganz abkühlen lassen und servieren.

Schüttelbrot

FÜR ETWA 12 STÜCK

HEFETEIG
250 g Wasser
250 g Milch
20 g frische Hefe
1 TL Zucker
1 EL Brotgewürz
100 g Weizenvollkornmehl
250 g Dinkelmehl Type 630
250 g Roggenmehl Type 1150
½ TL Salz
20 g Pflanzenöl
1 Ei
Mehl zum Bearbeiten
Außerdem: Backpapier

ZUBEREITUNG etwa 10 Minuten
RUHEZEIT 45 Minuten
BACKZEIT etwa 15–18 Minuten je Brot

VORBEREITEN
Den Backofen auf 200 °C (Ober-/Unterhitze) vorheizen. Zwei Backbleche mit dem Backpapier auslegen.

TM 5
HEFETEIG
Das Wasser, die Milch, die zerbröckelte Hefe, den Zucker und das Brotgewürz in den Mixtopf geben und 2 Minuten/37 °C/Stufe 2 erwärmen. Die Mehle, das Salz und das Öl zufügen, 2 Minuten/Knetstufe verkneten und abgedeckt an einem warmen Ort etwa 30 Minuten gehen lassen.

Den Teig auf einer leicht bemehlten Arbeitsfläche zu einer Rolle formen und in 12 Stücke teilen. Die Teigstücke zu runden etwa 1 cm dicken Fladen formen, auf die vorbereiteten Backbleche legen und weitere etwa 15 Minuten gehen lassen. Das Ei mit einer Gabel verquirlen und die Brote damit bestreichen. Die Brote nacheinander jeweils etwa 15–18 Minuten backen.

Die Schüttelbrote auf Kuchengittern auskühlen, anschließend bei Zimmertemperatur offen 1–2 Tage trocknen lassen und servieren.

Dinnede

FÜR ETWA 12 STÜCK

HEFETEIG
300 g Wasser
15 g frische Hefe
1 gestrichener TL Zucker
500 g Weizenmehl Type 550
1 TL Salz

BELAG
150 g festkochende Kartoffeln
1 Zwiebel
75 g Schwarzwälder Schinken
150 g Gouda, in Stücken
100 g Crème fraîche
¼ TL Pfeffer
Mehl zum Bearbeiten
Außerdem: Backpapier

ZUBEREITUNG etwa 20 Minuten
RUHEZEIT 10 Minuten
BACKZEIT etwa 20 Minuten

Tipp

Dinnede ist ein aus Süddeutschland stammendes Hefefladengebäck. Ursprünglich mit einer Schmand-Mehl-Mischung bestrichen und gebacken, erinnert es an Flammkuchen. Der Belag kann durch Zwiebeln, Speck, Äpfel, Käse oder Kartoffeln ergänzt werden.

VORBEREITEN

Zwei Backbleche mit dem Backpapier belegen. Den Backofen auf 200 °C (Ober-/Unterhitze) vorheizen.

TM 5

HEFETEIG

Das Wasser, die zerbröckelte Hefe und den Zucker in den Mixtopf geben und 2 Minuten/37 °C/Stufe 2 erwärmen. Das Mehl und das Salz zugeben und 3 Minuten/Knetstufe verkneten.

Den Teig auf der leicht bemehlten Arbeitsfläche zu einer langen Rolle formen, in 12 Stücke teilen, zu Fladen flach drücken, auf die vorbereiteten Backbleche legen und ruhen lassen. Den Mixtopf spülen.

BELAG

Die Kartoffeln waschen, schälen und würfeln. Die Zwiebel abziehen und halbieren. Den Schinken würfeln. Die Kartoffeln und die Zwiebel in den Mixtopf geben und 5 Sekunden/Stufe 6 zerkleinern.

Den Schinken und den Gouda zugeben und 10 Sekunden/Stufe 6 zerkleinern. Die Crème fraîche in den Mixtopf geben, mit Pfeffer würzen und 15 Sekunden/Linkslauf Stufe 3 vermischen. Die Creme auf die Teigfladen streichen, im Backofen etwa 15–20 Minuten backen und servieren.

Osterbrot

FÜR 1 BROT (750 G), ETWA 15 SCHEIBEN

HEFETEIG
50 g Rosinen
250 g Milch
1 Würfel frische Hefe (= 42 g)
40 g Zucker
1 EL selbst gemachter Vanillezucker
500 g Weizenmehl Type 405
60 g weiche Butter
½ TL Salz
50 g gehackte Mandeln
25 g Hagelzucker
Mehl zum Bearbeiten
Außerdem: Backpapier

ZUBEREITUNG etwa 10 Minuten
RUHEZEIT 60 Minuten
BACKZEIT etwa 35 Minuten

VORBEREITEN

Ein Backblech mit dem Backpapier auslegen. Den Backofen auf 180 °C (Ober-/Unterhitze) vorheizen.

TM 5

HEFETEIG

Die Rosinen etwa 10 Minuten in heißem Wasser einweichen. Die Milch, die zerbröckelte Hefe, den Zucker und den Vanillezucker in den Mixtopf geben und 2 Minuten/37 °C/Stufe 2 erwärmen. Das Mehl, die Butter, das Salz und die Mandeln zugeben und 3 Minuten/Knetstufe zu einem glatten Teig verkneten. Den Teig auf eine leicht bemehlte Arbeitsfläche geben.

Die Rosinen abgießen, trockentupfen, unter den Teig kneten, zu einer Kugel formen, auf das Backblech legen und abgedeckt an einem warmen Ort etwa 1 Stunde gehen lassen.

Das Osterbrot im Backofen etwa 30–35 Minuten backen, auf einem Kuchengitter auskühlen lassen, in Scheiben schneiden und servieren.

Chia-Knäckebrot

**FÜR 1 BACKBLECH,
ETWA 15 STÜCK**

TEIG
180 g Weizenvollkornmehl
20 g Chiasamen
250 g Mineralwasser mit Kohlensäure
½ TL Salz
½ TL gemahlener Kreuzkümmel
Butter oder Öl zum Einfetten

ZUBEREITUNG etwa 10 Minuten
BACKZEIT etwa 30 Minuten

VORBEREITEN
Ein Backblech mit der Butter oder dem Öl einfetten. Den Backofen auf 160 °C (Ober-/Unterhitze) vorheizen.

TM 5
TEIG
Das Mehl, die Chiasamen, das Mineralwasser, das Salz und den Kreuzkümmel in den Mixtopf geben und 1 Minute/Knetstufe verkneten. Den Teig auf das Backblech geben, mit den angefeuchteten Händen flach drücken und verstreichen.

Das Knäckebrot im Backofen etwa 30 Minuten backen, auf einem Kuchengitter gut auskühlen lassen, in Stücke brechen und servieren.

Tipp
Das Knäckebrot am besten in einer verschließbaren Dose aufbewahren.

Für die freundliche Unterstützung unseres Fotoshootings mit Geschirr, Besteck, Gläsern und zahlreichen Accessoires danken wir WestwingNow ganz herzlich. Viele weitere Produkte für ein schönes Zuhause finden Sie unter **www.westwingnow.de** oder unter **www.westwingnow.ch**

»Als Foodfotografin lege ich ganz besonderen Wert auf die appetitliche und ansprechende Präsentation der Speisen. Bei WestwingNow finde ich für alle Backkreationen – ob rustikal oder festlich – das passende Geschirr und Besteck, tolle Gläser und schmückende Accessoires. Es macht Freude, mit diesen außergewöhnlich schönen Interior-Produkten zu arbeiten und noch mehr Freude, damit einen kreativ gedeckten Tisch zu gestalten.«

Carolin Friese, Fotografin

Für unser Fotoshooting brauchten wir dringend mehr als einen Thermomix. Toll, dass man den Thermomix inzwischen sogar ausleihen kann – wenn man mehr als einen braucht oder ihn erst einmal in Ruhe ausprobieren will, bevor man ihn kauft. Das geht ganz schnell und einfach über **rent-and-cook.de**!

Für die freundliche Unterstützung unseres Fotoshootings danken wir ganz herzlich!

OxRent GbR
Beim alten Hochgericht 4/3
88416 Ochsenhausen
info@rent-and-cook.de
www.rent-and-cook.de

Register

Register

Impressum

Produktmanagement: Sonya Mayer
Redaktion: Susanne Cremer S & S – die rezeptspezialisten
Korrektur: Regina Wiesmaier
Einbandgestaltung,
Layout und Satz: Sabine Loos
Repro: Repro Ludwig, Zell am See
Herstellung: Barbara Uhlig
Partnermanagement: Thomas Nehm

Text und Rezepte: Susann Kreihe
Fotografie: Carolin Friese
Foodstyling: Michaela Baur

Printed in Germany by APPL

Unser komplettes Programm finden Sie unter
www.christian-verlag.de

★★★★★

Sind Sie mit diesem Titel zufrieden? Dann würden wir uns über Ihre Weiterempfehlung freuen.

Erzählen Sie es im Freundeskreis, berichten Sie Ihrem Buchhändler oder bewerten Sie bei Onlinekauf. Und wenn Sie Kritik, Korrekturen, Aktualisierungen haben, freuen wir uns über Ihre Nachricht an Christian Verlag, Postfach 40 02 09, D-80702 München oder per E-Mail an lektorat@verlagshaus.de

Alle Angaben in diesem Werk wurden von der Autorin sorgfältig recherchiert und auf den aktuellen Stand gebracht sowie vom Verlag geprüft. Für die Richtigkeit der Angaben kann jedoch keinerlei Haftung übernommen werden.

Für die Rezepte, deren Zubereitung und Gelingen ist der Verlag verantwortlich, nicht die Vorwerk Deutschland Stiftung & Co. KG, Geschäftsbereich Thermomix. Thermomix. ist ein eingetragenes Markenzeichen der Vorwerk-Gruppe.

Bildnachweis:
Alle Fotos auf dem Bucheinband und im Innenteil stammen von Carolin Friese.

Die Deutsche Nationalbibliothek verzeichnet diese Publikation in der Deutschen Nationalbibliografie; detaillierte bibliografische Daten sind im Internet über http://dnb.d-nb.de abrufbar.

ISBN 978-3-95961-142-8

Ebenfalls erhältlich ...

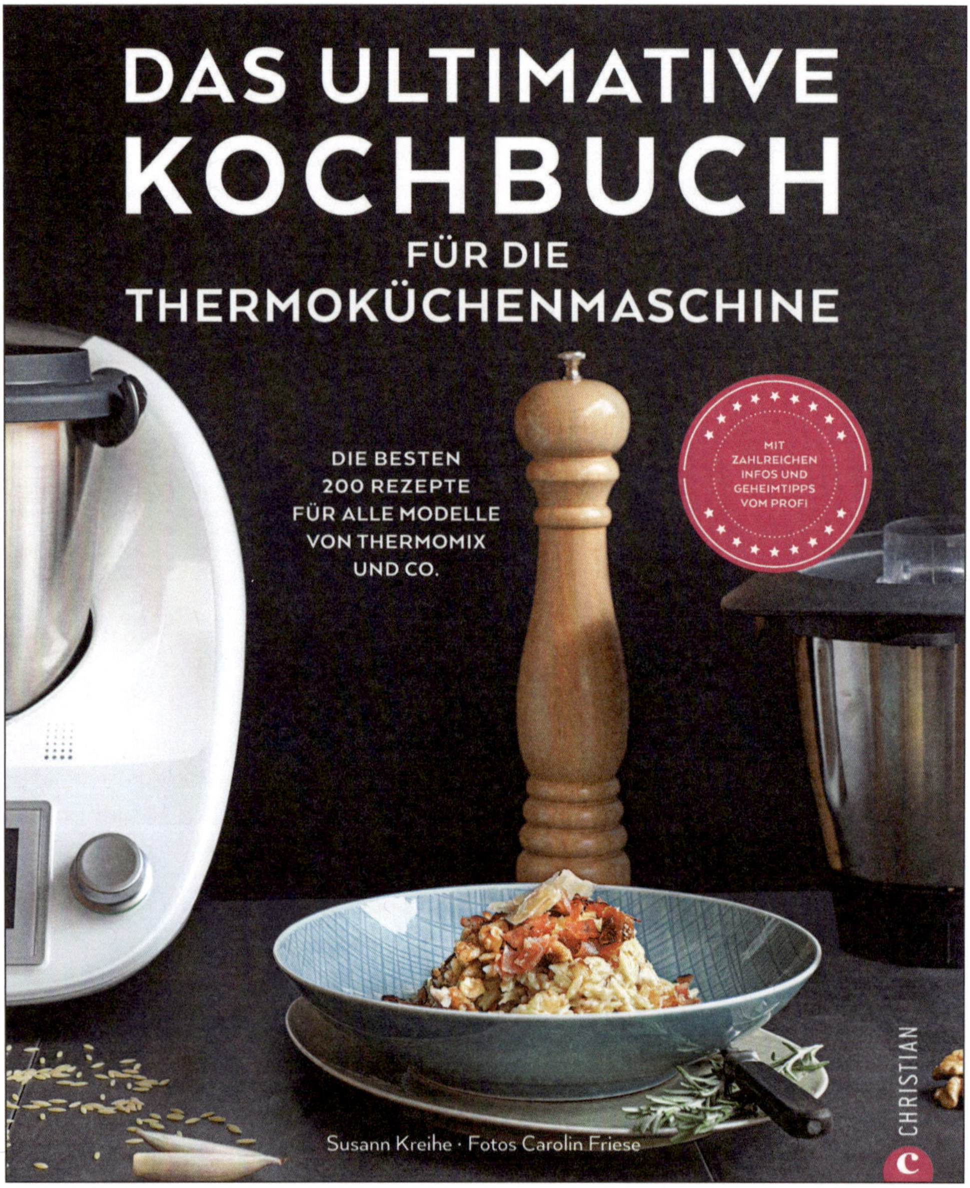

ISBN 978-3-95961-086-5

Clever kochen, einfach genießen! Die besten Rezepte für die neue Art zu kochen: Vom Frühstücksquark über den Tafelspitz bis zum Zitronensorbet.